wonderwalls

katrien vanderlinden

Dieses Buch ist für alle großen Leute
(und ein bisschen auch für LENNI,
obwohl er auch ohne Buch seine eigenen
Vorstellungen hat...)

WOW, UNGLAUBLICH!
HAST DU DAS SELBST GEMACHT?

Jedes Mal, wenn jemand die Tür zu Flynns Zimmer in unserem neuen Haus öffnete und neugierige Freunde oder Familie die Wandbilder sahen, reagierten sie mit großer Bewunderung.

Damals arbeitete ich als Fernsehregisseurin und Art-Direktorin und beschäftigte mich mit der Gestaltung und der Bühnendekoration verschiedener Fernsehprogramme. Eine tolle Arbeit, aber ich freute mich darauf, unser neues Haus, und insbesondere die Kinderzimmer, zu gestalten. Beide Söhne sollten ihr eigenes wunderbares Reich bekommen. Im Internet fand ich schöne Tapeten, aber schnell entdeckte ich in unzähligen Zimmern stets dieselben Motive. Ich wollte aber etwas Einmaliges, und so suchte ich weiter und fand schließlich eine schlichte, hübsche Tapete mit in schwarzen Linien gezeichneten Tieren. Doch als ich den Preis sah, fiel ich fast vom Stuhl. So teuer, ich konnte es nicht glauben!

„Und wenn du versuchst, die Tapete nachzuzeichnen? Was kann im schlimmsten Fall passieren?", dachte ich mir. „Dass du die Wand wieder weiß streichen musst? Wenn es nicht mehr ist ..." Also kaufte ich schwarze Farbe und einen Pinsel und machte mich an die Arbeit! Als Kind hatte ich immer gern gezeichnet, hatte aber nie Zeichenunterricht gehabt. Auch ans Streichen hatte ich mich bisher noch nie gewagt, sodass mein Vorhaben wirklich spannend war. Nach drei Stunden Malen war das Wandbild fertig. Wow, das hatte ich ganz allein gemacht!

Nach den Begeisterungsrufen von allen, die die Wand sahen, und einem kleinen Schubs von meinem Liebsten und von Freunden nahm ich einen Film auf, entwarf eine Website und **Wonderwalls** war geboren. Inzwischen entwerfe ich seit drei Jahren Wandbilder für Läden, Eingangsbereiche, Esszimmer, Büros (im letzten Jahr strich ich sogar ein Basketballfeld in Aalst) und natürlich auch – schließlich hatte damit alles angefangen – Kinderzimmer.

Ich kann nicht glauben, wie viele Anfragen ich wöchentlich erhalte, um Kinderzimmer zu gestalten. Ich würde gern allen helfen und so entstand die Idee zu diesem Buch. Es ist ein praktisches Handbuch mit 15 originellen Entwürfen: Das eine Wandbild ist vielleicht aufwendiger als das andere, aber zwei Dinge sind allen gemein:

1. Sie müssen nicht zeichnen können!
2. Sie benötigen kein besonderes Material!

Noch besser: Sie müssen nichts ausmessen, Sie gestalten das Bild mit Ihren eigenen Händen und mit Alltagsgegenständen, die Sie sowieso im Haus haben.

Vor einiger Zeit suchte ich über Instagram Eltern und Kinder, deren Kinderzimmer ich für dieses Buch gestalten wollte. Sie wussten vorher nicht, was ich malen würde. Aber das schien niemanden abzuschrecken: Ich erhielt wahnsinnig viele begeisterte Zuschriften! Aus 350 Einsendungen wählte ich schließlich 15 Glückspilze aus. Und es war so schön, dass ich dazu beitragen konnte, die Kinderzimmer neu zu gestalten, in dem diese Kinder ihre süßesten Träume erleben können. Nach einer intensiven Zeit mit Entwürfen, Malen, Fotografieren und Schreiben der Texte ist das Buch endlich fertig und Sie können es heute in Händen halten.

Mit diesem Buch können Sie individuelle Wandbilder im Kinderzimmer gestalten, Bilder, die niemand anderes hat und die genau Ihren Vorstellungen entsprechen! Wenn die Wand fertig ist, können Sie sich voll Genugtuung zurücklehnen und Ihr Kind wird stolz auf Sie und sein neues Zimmer sein. Und wenn sich die Tür öffnet, werden Sie bestimmt zu hören bekommen: „Wow, unglaublich! Hast du das selbst gemacht?" Und mal ehrlich: Was kann im schlimmsten Fall passieren? Vielleicht müssen Sie die Wand noch einmal weiß streichen? Keine Sorge, dann rufen Sie einfach bei Wonderwalls an!

Katrien
♡

WIE BENUTZEN SIE DIESES BUCH?

Schwierigkeitsstufe →

Zeit → 3 Stunden

Bei der Überschrift zu jeder Wand steht immer die Zeit, die sie zur Wandgestaltung brauchen, und die Schwierigkeitsstufe. Ein Pinsel bedeutet „sehr einfach", vier Pinsel bedeuten „etwas mehr Aufmerksamkeit oder Zeichentalent". Das Schöne an diesem Buch ist, dass ich Ihnen Schritt für Schritt sehr einfach und verständlich erkläre, wie Sie vorgehen müssen, aber Sie können alle Vorschläge leicht ändern: Wählen Sie andere Farben (ersetzen Sie beispielsweise Rosa durch Gelb oder Grün), kombinieren Sie zwei Projekte aus diesem Buch, zeichnen Sie andere Formen ...

Farbe

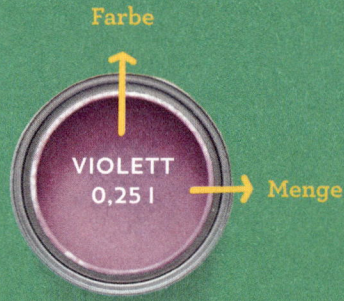

VIOLETT
0,25 l

Menge

INHALT

MEIN WERKZEUGKASTEN

1. FARBWANNE

2. SCHLITZSCHRAUBENZIEHER

3. KREIDE

4. GEODREIECK

5. MASSBAND

6. NACHFÜLLBARER BLEISTIFT

7. WACHSMALSTIFT

8. ALKOHOLSTIFT

9. HAMMER

10. SCHÄLCHEN ZUM MISCHEN DER FARBE

11. RÜHRSTAB

12. SCHEUERMITTEL

13. EIMER MIT WASSER

14. LAPPEN

15. SCHEUERSCHWAMM

16. MALERKREPPBAND

17. HAARTROCKNER

18. CUTTER

19. SCHERE MIT SCHARFER SPITZE

20. NORMALE SCHERE

21. ABDECKPLANE

22. BELOHNUNGS-BONBON

PINSEL, BÜRSTENPINSEL ODER FARB- ROLLER?

PINSEL

Mit einem Pinsel ziehen Sie feine Umrisse nach oder malen kleine Farbflächen aus. (Was ist Umrisse nachziehen und Ausmalen? Mehr dazu auf S. 13.)

Am Pinsel sollten Sie nicht sparen: Pinsel in guter Qualität kaufen Sie im Fachhandel für Zeichenbedarf. Mit Pinseln ist es wie mit Schuhen: Man kann nie genug davon haben. Beim Kauf sollten Sie auf drei Eigenschaften achten:
• Art der Borsten (Marderhaar, Schweineborsten, synthetisch …)
• Form (rund, Katzenzunge, flach, lang und dünn …)
• Dicke
Wählen Sie am besten einen Pinsel, der gut in der Hand liegt.

Pflege: Sie sollten Ihre Pinsel immer gut pflegen. Wenn Sie mit Acrylfarbe malen, dann spülen Sie den Pinsel gründlich mit Wasser aus. Achten Sie darauf, dass die Farbe (auch im Pinsel) vollständig entfernt wird, sonst wird der Pinsel hart.

BÜRSTENPINSEL

Bürstenpinsel sind ideal, um größere Flächen zu streichen, die nicht abgeklebt werden (wie die Zeichnung einer Pflanze).
Die Borsten sind härter als die eines Pinsels. Auch hier gibt es verschiedene Haare, Dicken und Formen. Jeder Bürstenpinsel ist speziell für einen bestimmten Untergrund oder für eine bestimmte Farbe geeignet. Ich verwende am liebsten flache Bürstenpinsel (zum Ausmalen) und spitze Bürstenpinsel (um die Umrisse von großen Zeichnungen nachzuziehen und Ecken auszumalen).

Pflege: Spülen Sie Bürstenpinsel (die mit Acrylfarbe benutzt wurden) mit Wasser gründlich bis in die Mitte der Borsten aus. Bleiben Farbreste zurück, werden sie schnell hart.

FARBE

Ich verwende für Wandbilder ausschließlich wasserbasierte Wandfarben, auch Acrylfarbe genannt. Diese Farbe trocknet schnell, deckt gut und ist mit Wasser abwaschbar.

TIPP: Wenn Sie den Deckel abnehmen, die Farbe gründlich mit einem Rührstab umrühren.

EXTRATIPP: Die Farbe nicht zu dick auf die Wand auftragen, sonst bilden sich Unebenheiten. Farbkleckse werden beim zweiten Farbauftrag wahrscheinlich wieder aufgenommen.

FARBROLLER

Mit Farbrollern werden große Flächen ausgemalt. Diese Flächen sollten vorher abgeklebt werden. Achten Sie darauf, dass nicht versehentlich Farbe auf andere Wände, an die Decke oder auf den Boden kommt. Farbroller mit langen Haaren sind für raue, Farbroller mit kurzen Haaren für glatte Untergründe geeignet.

Pflege: Farbroller spülen Sie unter fließendem Wasser aus. Mit den Händen gut ausdrücken, bis kein farbiges Wasser mehr heraustritt. Wenn Sie den Farbroller direkt wieder mit einer anderen Farbe verwenden möchten, dann sollte er kein Wasser mehr enthalten!

DAS SIND MEINE FAVORITEN:

FLACHER BÜRSTENPINSEL

KLEINER FARBROLLER

GROSSER FARBROLLER

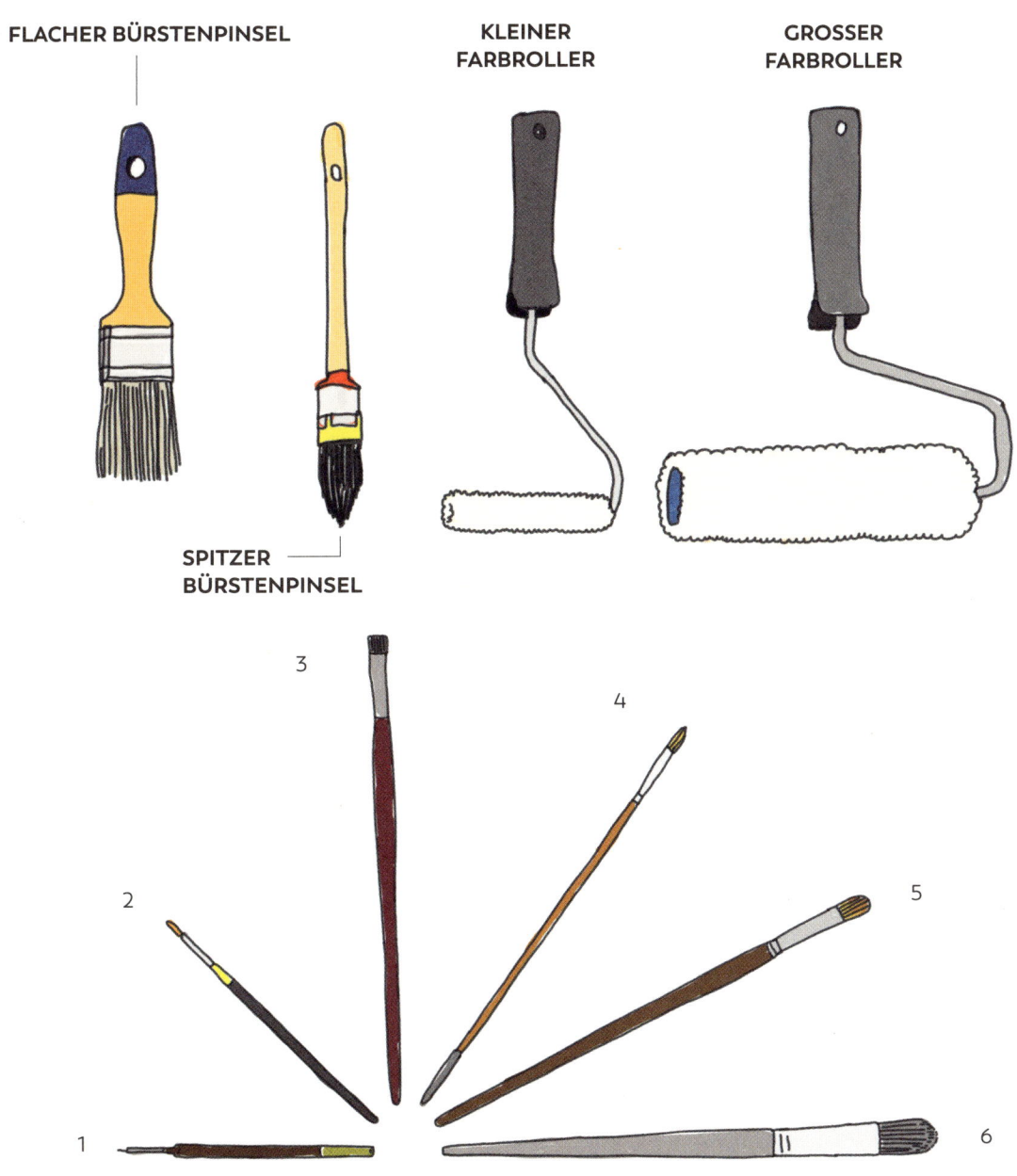

SPITZER BÜRSTENPINSEL

1. EXTRAFEINER PINSEL
FÜR FEINE LINIEN, ECKEN UND SPITZEN

2. LANGER RUNDPINSEL
NACHZIEHEN VON DETAILS

3. KURZER FLACHPINSEL
GERADE LINIEN

4. KLEINER KATZENZUNGENPINSEL
NACHZIEHEN UND AUSMALEN VON DETAILS

5. KATZENZUNGENPINSEL
NACHZIEHEN UND AUSMALEN

6. GROSSER KATZENZUNGENPINSEL
NACHZIEHEN UND AUSMALEN GROSSER FLÄCHEN

TERMINOLOGIE

ABKLEBEN

Bevor Sie ein Wandbild beginnen, sollten Sie die Wand „abkleben". So gelangt keine ungewünschte Farbe an die Decke, auf den Boden oder an die Seitenwände. Ich verwende hierzu 24 mm breites Malerkreppband.

So kleben Sie eine ganze Wand ab:

1 Beginnen Sie mit dem Boden. Lange Stücke Kreppband auf den Boden (oder die Fußleiste) kleben (es muss nicht unbedingt ein Stück sein). Das Kreppband möglichst nah an die Wand kleben, damit keine Spalten entstehen.

2 Das Kreppband entlang der Seitenwände kleben. Auch hier wieder möglichst nah entlang der Wand arbeiten, die bemalt werden muss.

3 Als Nächstes die Decke abkleben: Hier eine stabile Leiter oder einen stabilen Stuhl nehmen und das Kreppband in langen Stücken an die Decke kleben. Das Kreppband sollte sich an den Ecken überlappen.

4 Zum Schluss mit dem Handtuch (oder mit einem trockenen Lappen) kräftig über das Kreppband wischen. So kann später keine Farbe darunter laufen.

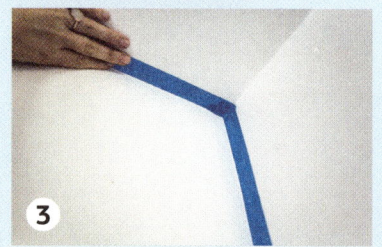

Es muss nicht immer gleich die ganze Wand abgeklebt werden. Wenn Sie ein Wandbild malen, das bis zum Boden geht, dann kleben Sie nur den Boden ab. Wenn das Wandbild in der Wandmitte positioniert wird, dann brauchen Sie überhaupt nichts abzukleben.

Ich ziehe das Kreppband meist ab, wenn es noch feucht ist, dann ist die Gefahr geringer, dass die getrockneten Farbstücke mit abgezogen werden. Arbeiten Sie behutsam, damit Sie keine Flecken auf der Wand machen. Wenn Sie das Kreppband abziehen, wenn es schon trocken ist, dann gehen Sie zuerst mit dem Cutter am Rand entlang.

TERMINOLOGIE

Eine Wandzeichnung setze ich in drei Schritten um:

1. ZEICHNEN

= das Motiv mit Bleistift auf die Wand zeichnen.
Das gelingt mit einem nachfüllbaren Bleistift oder einem spitzen Bleistift.

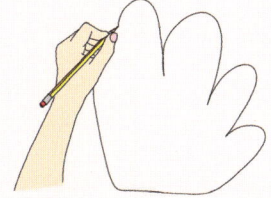

1. Bleistiftzeichnung

2. UMRISSE NACHZIEHEN

= den Umriss der Zeichnung mit einem Pinsel nachziehen.
So ist der Bleistiftstrich nicht mehr zu sehen und die Zeichnung hat einen klar umrissenen Rand. Das Nachziehen der Konturen gelingt am besten mit einem mitteldicken bis dicken Pinsel. Wenn das Motiv sehr detailreich ist, nehmen Sie einen (sehr) feinen Pinsel.

2. Umrisse an der Innenlinie nachziehen

3. Ausmalen

(Der Pinselstrich verläuft innen am Umriss entlang)

oder

2. Umrisse an der Außenlinie nachziehen

3. Ausmalen

(Der Pinselstrich verläuft außen am Umriss entlang)

3. AUSMALEN

= die Fläche mit Farbe füllen.
Achten Sie darauf, dass Sie innerhalb der Linien Ihrer nachgezogenen Zeichnung bleiben! Arbeiten Sie am besten mit einem dicken Pinsel oder einer Bürste.

NOCH FRAGEN?

WELCHE WAND NEHME ICH?

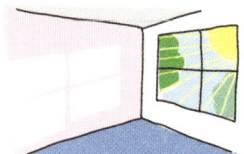

Wählen Sie eine freie Wand (an der keine großen Schränke stehen) mit gutem Lichteinfall. Wände gegenüber vom Fenster sind meist gut geeignet.

WOHER WEISS ICH, OB MEINE WAND FÜR DAS BILD GEEIGNET IST?

Jeder Untergrund ist geeignet: OSB, verputzte Wand, Rigips ... Auch Wände mit Ziegeln sind perfekt für ein Wandbild, auch wenn Sie dann das Endergebnis weniger beeinflussen können (z. B. Der süßeste Regenbogen, S. 132). Wichtig! Die Wand darf nicht feucht sein. Ideal ist, die Wand vorher ein paar Mal zu grundieren.

WELCHE FARBE NEHME ICH AM BESTEN?

WIE VIEL FARBE BRAUCHE ICH?

Ich verwende Acrylfarbe. Das ist wasserbasierte Wandfarbe, die schnell trocknet. Mit 1 Liter Farbe schaffe ich etwa 8 m² (zur Berechnung der Quadratmeter Länge und Breite multiplizieren).

MUSS ICH FÜR EIN WANDBILD GUT ZEICHNEN KÖNNEN?

Es ist hilfreich, wenn man eine ruhige Hand hat, aber das ist keine Voraussetzung! In diesem Buch stehen viele Entwürfe, bei denen Sie absolut kein Zeichentalent brauchen. Wenn Sie sich nun in einen Entwurf verliebt haben, der etwas schwieriger ist, dann bitten Sie einen Freund oder jemanden von der Familie und delegieren Sie die Aufgaben: Der eine zeichnet, der andere malt. Oder der eine zeichnet und malt und der andere sorgt für Kuchen und erzählt eine Geschichte.

WANN ZIEHE ICH DAS KREPPBAND AB?

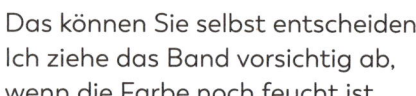

Das können Sie selbst entscheiden. Ich ziehe das Band vorsichtig ab, wenn die Farbe noch feucht ist.

Wenn Sie ein ganzes Zimmer streichen, warten Sie am besten einige Stunden, bis die Farbe vollständig getrocknet ist. Dann haftet die Farbe besser an der Wand, und nicht an einer anderen Farbschicht (sonst liegt die Farbe wie eine Art Plastikfolie auf der Wand). Die Trockenzeit liegt zwischen 2 und 16 Stunden und wird meist auf dem Farbtopf angegeben. ABER ... wenn Sie Mut und Lust haben, dann hier die gute Nachricht: Für ein Wandbild gibt es mildernde Umstände. Ein Wandbild ist ein Kunstwerk und so können wir selbst die Regeln bestimmen. Hier betritt der Haartrockner die Bühne, unser treuer Freund für jedes Wandbild. Fühlen Sie beim Pusten der heißen Luft immer mal wieder mit dem Finger auf die Wand. Wenn sich die Farbe trocken anfühlt, können Sie die nächste Schicht auftragen.

KÖNNEN MEINE KINDER IM ZIMMER SCHLAFEN, AUCH WENN ES FRISCH GESTRICHEN IST?

Inzwischen ist wasserbasierte Acrylfarbe so gut wie geruchlos. Sie trocknet außerdem sehr schnell. Ihr Kind kann auf jeden Fall in seinem neuen Zimmer schlafen!

UPPS, ICH HABE FALSCH GEMALT!

WIE VIELE FARB-SCHICHTEN BRAUCHE ICH?

Nehmen Sie schnell einen feuchten Lappen zur Hand und wischen Sie die Farbe vorsichtig ab. Ist die Farbe schon trocken? Dann überdecken Sie den Fehler mit etwas Farbe vom Untergrund (z. B. Weiß wie die Wand oder den Farbton des Wandbildes). Als wäre nichts passiert!

Das hängt vom Untergrund ab: Bei nur einer Farbschicht schimmert meist noch die Farbe der Wand durch. Mit Farbe in guter Qualität reichen zwei Farbschichten. So kommt die Farbe am besten zur Geltung.

FANGEN WIR AN!

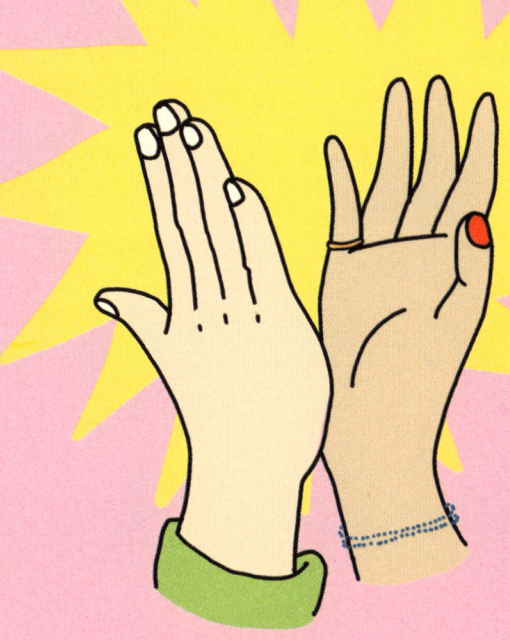

Die Mama von **Elle**, Charlotte, ist eine gute Freundin von mir. Als ich ihr das Foto mit den Bergen zeigte, das ich vor einigen Jahren für Louise gemalt hatte, war sie gleich darin verliebt. „Ooooh, die Berge würden gut in Elles Zimmer passen ..." Kleiner Hinweis, Charlie! This one's for you.

IN DEN BERGEN

Dieses Wandbild malte ich vor einigen Jahren für Louise und ich erinnere mich, dass ich beim Malen dachte: Wenn ich jemals ein Buch schreibe, dann kommt das Motiv hinein. Es ist sooooo einfach! Maximale Wirkung bei einem Minimum an Material und „Können".

TIPP

Sie können mit einem schwarzen Filzstift kleine Bäume auf die Berge zeichnen oder vielleicht erst das Wandbild „Hier steht dein Name" (S. 109) ausführen und dann die Berge hinzumalen? So viele Möglichkeiten!

DAS BRAUCHEN WIR

ANGABEN FÜR EINE WAND VON 2,5 M BREITE UND 2,3 M HÖHE.
NACH JEDER SCHICHT DIE FARBE TROCKEN FÖHNEN. MEIST REICHEN ZWEI FARBSCHICHTEN.

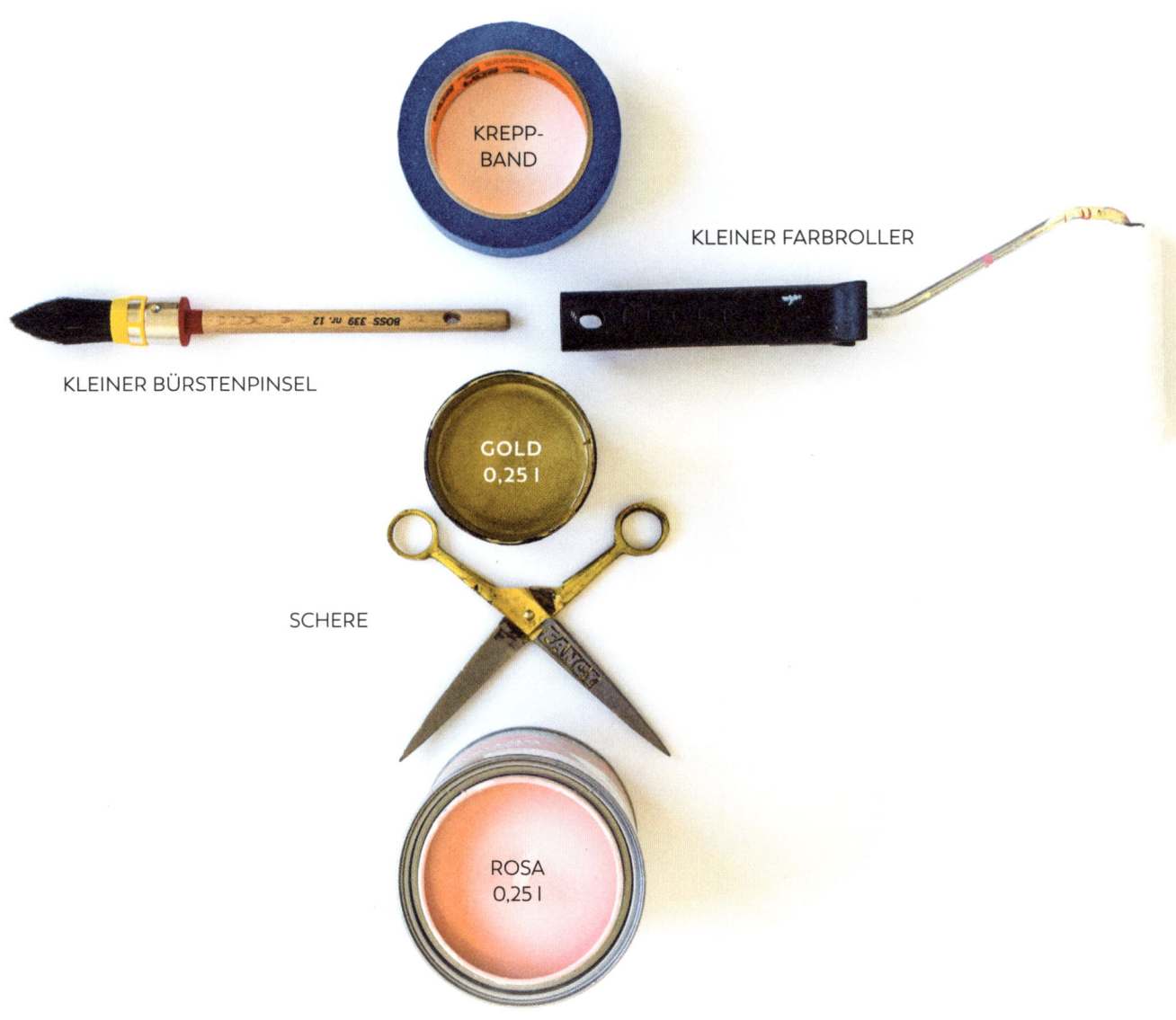

KREPP-
BAND

KLEINER FARBROLLER

KLEINER BÜRSTENPINSEL

GOLD
0,25 l

SCHERE

ROSA
0,25 l

1

Die Wand unten am Boden abkleben. Auch die Seitenwände bis zur Hälfte abkleben **(Was ist Abkleben? Siehe S. 12.)**

2

Stücke Kreppband von der Rolle abreißen und eine Zickzacklinie aufkleben. So entstehen Bergspitzen und Täler. Die Stücke Kreppband sollten sich ausreichend überlappen.

3

Die Täler (nicht die Spitzen) etwas von der Wand abziehen. Da sich die zwei Stücke Kreppband überlappen, sieht es aus wie eine Raute. An den zwei unteren Seiten der Raute die losen Enden sauber abschneiden. So entsteht eine schöne Spitze.

4

Die Berge rosa ausmalen. Mit dem Haartrockner trocknen. Dann die „Schneespitzen" auf bekannte Zickzack-Manier mit zwei bis drei Stücken Kreppband abkleben. Auch diese Stücke sollten sich wieder reichlich überlappen.

5

Diesmal die Spitzen der Zickzacklinien, die gerade geklebt wurden, ein wenig abziehen, und entlang der Raute die losen Enden abschneiden.

Die Innenseiten der Spitzen sind nun schön sauber. So sieht es dann aus!

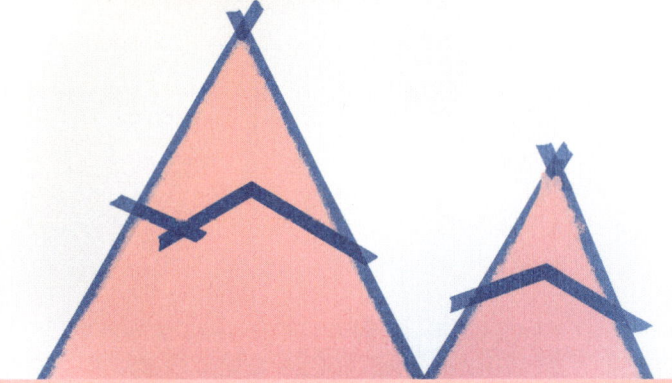

6

Alle Spitzen mit Gold ausmalen. Dann das Kreppband abziehen. Fertig!

Maurice ist drei Jahre alt und wohnt in Merchtem. Er ist gerade Bruder von Odil geworden. Mama Melanie hat eine sehr effiziente Methode gefunden, um Baby Odil in den Schlaf zu wiegen: Sie hat ein Bettchen in den Waschraum gestellt und wenn Odil schlafen muss, steckt sie Kleidung in den Wäschetrockner. Von dem Summen und Bummern schläft Odil im Handumdrehen ein! Well played, Mama Melanie ...

HANDMADE TERRAZZO

Terrazzo ist ein Interieur-Trend, der in den 80er-Jahren sehr populär war und nun zurück ist. Ursprünglich war es eine Art Bodenbelag, bei dem Reste von Marmor und Granit mit Beton gemischt werden. Diese Mischung wird dann auf den Boden geschüttet und poliert. Dadurch werden die Marmorstücke sichtbar. Im Moment taucht der Terrazzo-Stil überall auf! Die hier beschriebene Wandmalerei überrascht mit einem kinderfreundlichen Effekt und... es ist kein Pinsel nötig! Machen Sie sich ordentlich die Hände schmutzig!

DAS BRAUCHEN WIR

ANGABEN FÜR EINE WAND VON 3,5 M BREITE UND 2,5 M HÖHE.

OLIVGRÜN
0,25 l

GRAUBLAU
0,25 l

1 SCHWARZER FARBSTIFT
(MITTLERE DICKE, RUNDE SPITZE)

GRAU
0,25 l

FLÜSSIGER BASTELKLEBER

HAND*

BLAU
0,25 l

WACKELAUGEN

HELLROSA
0,25 l

*STELLEN SIE EINEN EIMER WASSER BEREIT. DANN KÖNNEN SIE NACH JEDER FARBE DIE HÄNDE SÄUBERN.

SO GEHT'S

1

Den Fingerabdruck des Zeigefingers in die grüne Farbe tauchen.

Es sollte ausreichend Farbe am Finger sein, aber auch nicht zu viel, damit keine Farbe auf den Boden tropft.

... si, perfecto für den Terrazzo!

2 Mit dem Finger einen Fleck auf die Wand reiben. Jede Form ist gut geeignet, solange kein allzu perfekter Kreis entsteht! Darauf achten, dass die Farbe gleichmäßig dick verteilt ist (= die weiße Wand sollte nicht durchschimmern). Wenn Sie kräftig drücken, während Sie den Fleck malen, dann werden die Ränder auch schön glatt!

Kleine und große Flecken auf der Wand verteilen, aber ausreichend Platz dazwischen lassen. Die Formen variieren: flach, länglich, dick, lang, dünn, klein, groß, waagerecht, senkrecht …

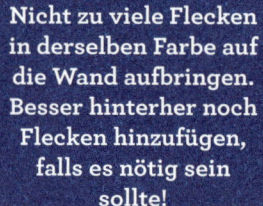

Nicht zu viele Flecken in derselben Farbe auf die Wand aufbringen. Besser hinterher noch Flecken hinzufügen, falls es nötig sein sollte!

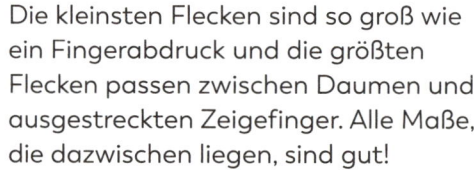

Die kleinsten Flecken sind so groß wie ein Fingerabdruck und die größten Flecken passen zwischen Daumen und ausgestreckten Zeigefinger. Alle Maße, die dazwischen liegen, sind gut!

3

Nach der Verwendung der grünen Farbe die Finger gründlich abspülen und mit der grauen Farbe weiterarbeiten. Graue Flecken beliebig auf der Wand verteilen. Es sollte kein Muster entstehen.

4

Mit den anderen Farben entsprechend verfahren. Immer ausreichend Platz dazwischen lassen. Es muss nicht die ganze Wand bemalt werden.

5

Einen großen Fleck an einer hervorstechenden Stelle auswählen (beispielsweise irgendwo in der rechten Mitte) und mit dem Finger einen großen Fleck in einer anderen Farbe auf den Fleck malen, sodass sich beide etwas überlappen.

6

Etwas Kleber hinten auf die Wackelaugen kleben und auf den gerade gemalten Fleck kleben. (Der Fleck muss ganz trocken sein. Ansonsten mit dem Haartrockner arbeiten.)

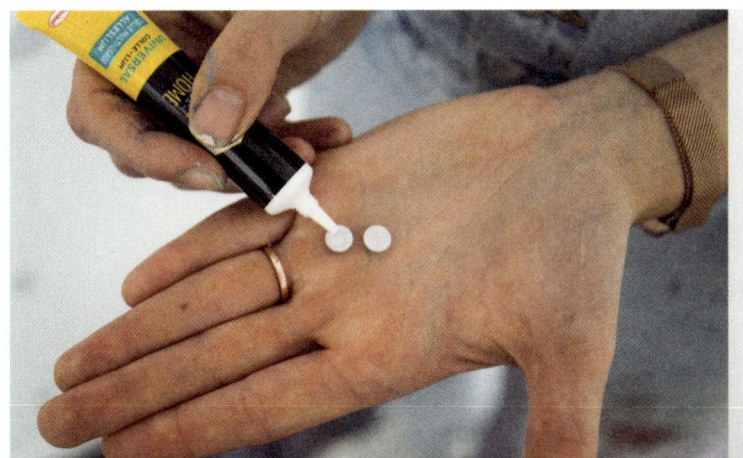

7

Mit dem schwarzen Filzstift Arme,
Beine und einen Mund zeichnen.

8

Den sauberen Zeigefinger zum letzten Mal
in die rosa Farbe tauchen, denn es wird nur
ein winziger Klecks benötigt, ...

... und damit dem Terrazzo-Männchen
seine rosaroten Wangen malen.

Peer
ist vier Jahre alt und
wohnt in Kruibeke. Er ist von
seinem Namen total fasziniert und muss
sich manchmal gefallen lassen, dass andere
in Lachen ausbrechen. (In Belgien hört sich sein
Name so an wie das niederländische Wort für
Birne.) Als Peers Wandbild fertig war, fragte ich
ihn, wie es ihm gefiele. Er antwortete, dass er die
Wand heute schön und morgen wahrscheinlich
noch schöner finde. Was für ein Charmeur.
Schauen Sie sich nur die prachtvollen
blauen Ferngläser an!

Diese Wand sieht wahnsinnig spektakulär aus. Und das Beste daran ist, dass Sie nichts dafür tun müssen! Sie brauchen nicht viel Material, aber dafür etwas Geduld und eine große Portion Kühnheit!

INTERGALAKTISCH

Am schwierigsten sind die „intergalaktischen Nebel"! Dafür musste ich mit dem Waschhandschuh, auf den ich weiße und blaue Farbe aufgetragen hatte, einfach nur einige Dreh- und Wischbewegungen ausführen. Wichtig ist, dass Sie keine großen Kreise machen, sondern nur hier und da einige große und kleine „Schlieren" auf der Wand verteilen. Sie können die Nebel auch weglassen, dann sieht die Wand immer noch sehr cool aus, aber der Effekt ist vieeeel cooler mit den Nebeln.

Zu zweit geht es schneller! →  fast ein Tag

DAS BRAUCHEN WIR

ANGABEN FÜR EINE WAND VON 3,5 M BREITE UND 2,5 M HÖHE.
DIE BLAUE FARBE ZWISCHEN DEM AUFTRAGEN DER SCHICHTEN MIT DEM HAARTROCKNER TROCKNEN.
FÜR DIE STERNE REICHT EINE FARBSCHICHT.

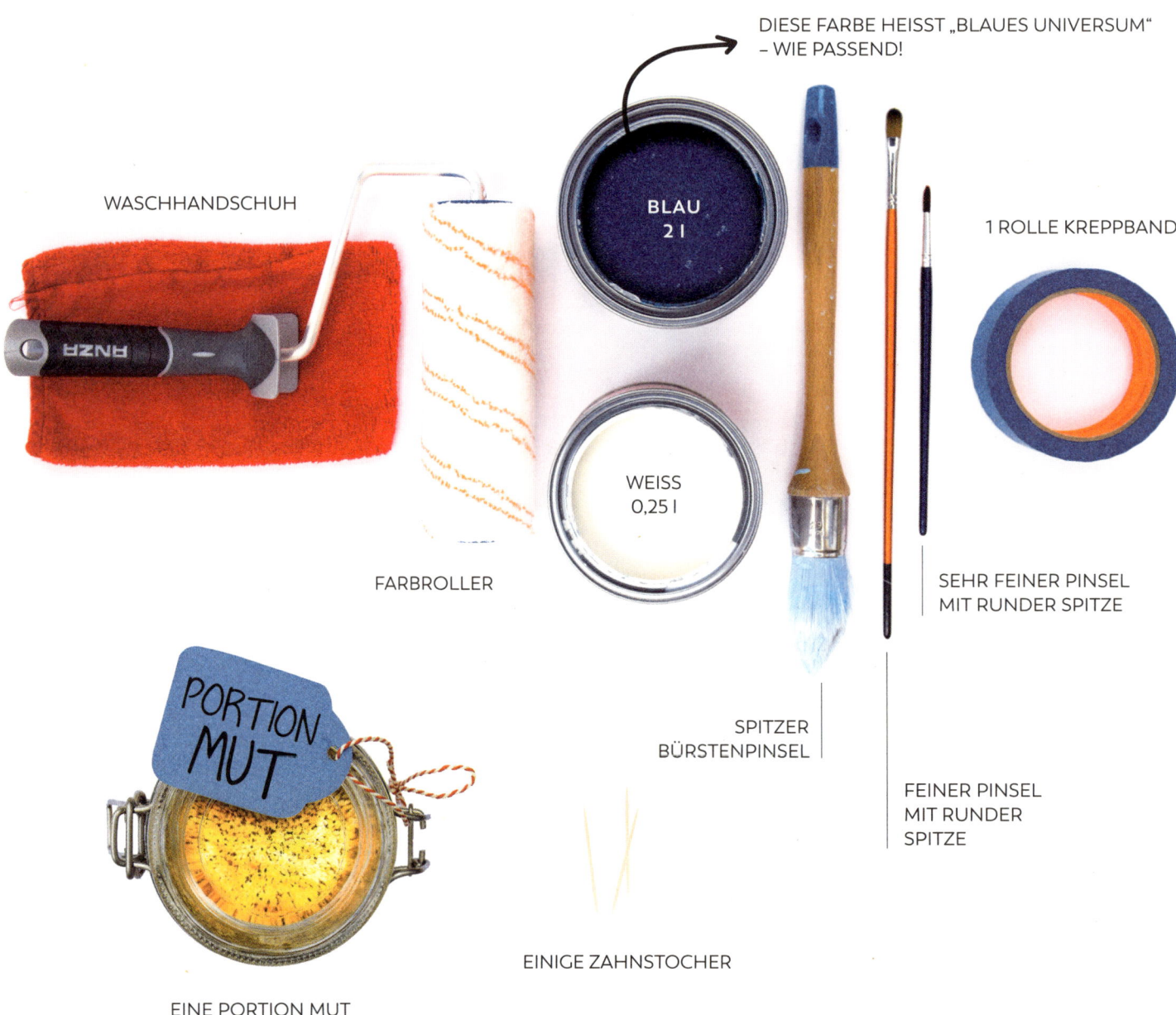

DIESE FARBE HEISST „BLAUES UNIVERSUM"
– WIE PASSEND!

WASCHHANDSCHUH

BLAU
2 l

1 ROLLE KREPPBAND

WEISS
0,25 l

FARBROLLER

SEHR FEINER PINSEL
MIT RUNDER SPITZE

PORTION MUT

SPITZER
BÜRSTENPINSEL

FEINER PINSEL
MIT RUNDER
SPITZE

EINIGE ZAHNSTOCHER

EINE PORTION MUT

SO GEHT'S

1

Die Wand abkleben. Das Kreppband fest andrücken, damit keine blaue Farbe unten durchläuft! Sobald die Farbe trocken ist, die Wand in zwei Schichten blau streichen. **(Was ist Abkleben? Siehe S. 12.)**

Den Waschhandschuh nass machen, leicht auswringen und etwas weiße und blaue Farbe darauf verteilen.

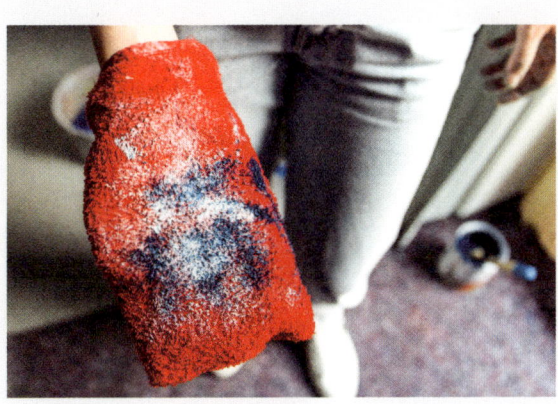

2

Mit dem Waschhandschuh über verschiedene Stellen an der Wand reiben. Dabei nicht zu viele „Wisch"-Bewegungen ausführen, sondern auch ein wenig drücken, drehen und tupfen, damit nicht zu viele Linien von Wischen zu sehen sind.

WIE VIELE NEBEL?
UND WELCHE FORM HABEN SIE?

BESORGTER BLICK*

* Wenn Sie diesen Schritt abgeschlossen haben und denken: „So ein Mist, das sieht überhaupt nicht aus ... wird das noch?" Perfekt, das war bei mir nicht anders! Sie machen alles richtig.

3

Mit dem (größten) feinen Pinsel zuerst die großen Tupfen auf die Wand setzen. Diese Tupfen sollten etwa so groß wie die Spitze des kleinen Fingers sein. Hiervon brauchen Sie nicht zu viel ... ungefähr 20 oder 25, wahllos über die gesamte Wand verteilt.

Dann mit dem sehr feinen Pinsel noch kleinere Tupfen auf die Wand setzen. Das dürfen gern mehr sein. Möglichst kein bestimmtes Muster arbeiten! Manchmal sitzen 10 Tupfen zusammen, dann wieder 2 einzelne.

Zum Schluss die Pünktchen mit dem Zahnstocher auftragen. Davon können Sie ruhig reichlich auftragen! Damit können Sie nicht übertreiben. Auch diese Pünktchen sollten kein Muster bilden.

Darauf achten, dass an einigen Stellen keine Sterne stehen. So wird das Bild noch echter!

Eddie ist zwei Jahre alt. Sie hat nicht nur einen echt coolen Namen, sondern wohnt auch in einem coolen Loft in Mechelen. Beim Streichen linste sie immer wieder durch die Tür, um zu sehen, wie ihr Zimmer verzaubert wurde. Kuckuck, Eddie!

DER SWIRLIE-SWOOSH

Ein Wandbild muss nicht per se eine Zeichnung oder eine Illustration sein. Bei diesem Entwurf sehen Sie, dass manchmal schon einfache bunte Farbfelder ein Zimmer völlig verändern! Eine Variante in Pastelltönen sieht ebenfalls hübsch aus.

Um diesen Entwurf auf die Wand zu übertragen, zeige ich Ihnen die „Malen nach Zahlen"-Technik. Sie ziehen mit dem Bleistift einen Strich von einem Punkt zum anderen. Die gezeichneten Striche können Sie beliebig oft korrigieren, denn sie werden später noch übermalt.

DAS BRAUCHEN WIR

ANGABEN FÜR EINE WAND VON 3 M BREITE UND 3,5 M HÖHE.

NACH JEDER SCHICHT DIE FARBE TROCKEN FÖHNEN. MEIST REICHEN ZWEI SCHICHTEN.

KREPPBAND

ROSA
1 l

GRÜN
1 l

FARBROLLER

GELB
0,5 l

VIOLETT
1 l

GOLD
0,25 l

ROT
1 l

BLEISTIFT

FLACHER BÜRSTENPINSEL

FEINER PINSEL

SO GEHT'S

1

Die Wand zuerst abkleben. **(Was ist Abkleben? Siehe S. 12.)** An der Decke und auf dem Boden (ungefähr) auf der Hälfte der Wand ein Stück Kreppband kleben. An der linken Wand ein Stück Kreppband unterhalb der Mitte und an der rechten Wand ein Stück oberhalb der Mitte kleben.

Mit dem Bleistift eine (ungefähr) gerade Linie von Punkt A nach Punkt B ziehen. Den Umriss nachziehen und die Fläche in diesen drei Vierecken rosa streichen (die rechte obere Ecke nicht vergessen ...).
(Was ist Umrisse nachziehen und Ausmalen? Siehe S. 13.)

2

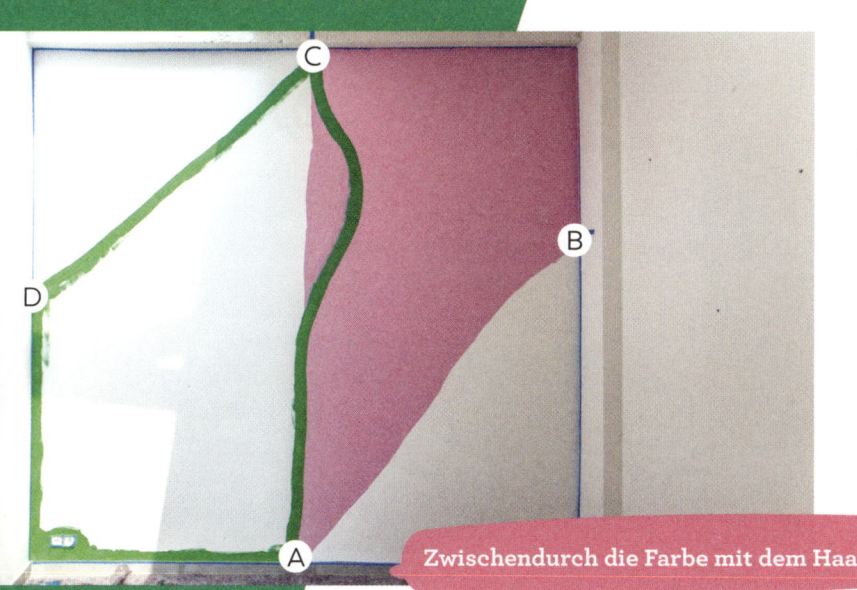

3

Mit dem Bleistift eine Wellenlinie von Punkt C nach Punkt A zeichnen. Dabei auf dem rosa Feld bleiben. Dann eine gerade Linie von C nach D ziehen. Die Umrisse nachziehen und in dieser Figur alles grün ausmalen (die linke obere Ecke nicht vergessen ...).

Zwischendurch die Farbe mit dem Haartrockner trocknen!

Mit dem Bleistift eine Wellenlinie von Punkt A nach Punkt B ziehen. Die Umrisse nachziehen und in dieser Figur alles violett ausmalen (die rechte untere Ecke nicht vergessen ...).

Nach jedem Bleistiftstrich einen Schritt zurücktreten, um das Werk zu kontrollieren. Wenn Sie mit der Form nicht zufrieden sind, zeichnen Sie einfach eine neue Linie.

Mit dem Bleistift eine Linie von Punkt B nach leicht unterhalb von Punkt C ziehen.

Die Umrisse nachziehen und in dieser Figur alles rot ausmalen (die rechte obere Ecke nicht vergessen ...).

Mit dem Bleistift auf dem grünen Feld einen Bogen von Punkt C nach Punkt D ziehen. Die Umrisse nachziehen und in dieser Figur alles gelb ausmalen (die linke obere Ecke nicht vergessen ...).

Mit dem Bleistift die Spitze zeichnen, die anschließend in Gold ausgemalt wird. Diese stößt an das grüne Feld, auf der rosa Fläche. Die Umrisse mit einem sehr feinen Pinsel in Gold nachziehen und mit einem flachen Bürstenpinsel ausmalen.

Jack ist ein Jahr alt und wohnt in Ternat. Er hat zwei große Brüder. Mama Nele sagt, dass jeder im Haus ganz vernarrt in Jack sei. Sie selbst beschreibt ihn als „ein lebendiges Kind, das immer super zufrieden ist". Sehen Sie sich nur diese Wangen an ... zum Reinbeißen!

Wenn Sie zu zweit arbeiten, nimmt die Schwierigkeitsstufe um einen Pinsel ab!

🕐 4 Stunden

DER
REGENBOGEN
FÜR JUNGS

Regenbogen und Jungen, das ist kein match made in heaven …
Dieses Wandbild ist eigentlich ein verkappter Regenbogen!
Ein geradliniger Fächer, der wie eine Art göttlicher
Strahl im Kinderzimmer heruntergeht. Und ja,
sogar Rosa kommt (heimlich) vor. Wenn Ihr Sohn
etwas dazu sagt, dann verkaufen Sie es ihm
als „Hellrot". Sehen Sie, Fall gelöst.

DAS BRAUCHEN WIR

ANGABEN FÜR EINE WAND VON 3,1 M BREITE UND 4 M HÖHE.

NACH JEDER SCHICHT DIE FARBE TROCKEN FÖHNEN. MEIST REICHEN ZWEI FARBSCHICHTEN.

DUNKELROT	ROT	HELLROT	GELB	HELLGELB
0,25 l	0,25 l	0,25 l	0,25 l	0,25 l

STIFT

KLEINER FARBROLLER

SMARTPHONE

KREPP-BAND

PINSEL

GROSSES BUCH

SO GEHT'S

1

So gelingt der „Farbfolgestreifen": Ein Stück Kreppband, das fünfmal so breit wie das Smartphone ist, von der Rolle abreißen. Mit Strichen die Abschnitte andeuten und auf jeden Abschnitt in dieser Reihenfolge die Farben schreiben (von links nach rechts):
Dunkelrot | Rot | Hellrot | Gelb | Hellgelb

2

Der blaue Kreppbandstreifen muss im rechten Wandbereich liegen. Den Streifen an die Decke kleben – also nicht auf die zu bearbeitende Wand.

3

Nun einen zweiten längeren „Farbfolgestreifen" machen: Diesmal ein Stück Tape abreißen, das fünfmal so lang ist wie die längste Seite des Buches. Alle Abschnitte mit einem Streifen Klebeband markieren und nun, wie vorhin, von links nach rechts die Farbfolge aufschreiben.

4

Diesen Streifen auf die Fußleiste (oder auf den Boden, wenn es keine Fußleiste gibt) im linken Wandbereich kleben.

Zurück zum Streifen oben: Das Ende der Kreppbandrolle am Anfang des Farbfolgestreifens gut festkleben. Die Rolle nicht abreißen, sondern einfach herunterhängen lassen.

5

Von der Leiter heruntersteigen und das Kreppband von oben bis zur Fußleiste führen. Das Kreppband schön glattziehen und am Anfang des unteren Farbfolgestreifens festkleben. Die Rolle abreißen.

6

Die Rolle nun oben am nächsten Strich des Farbfolgestreifens festkleben. Die Rolle wieder nach unten hängen lassen.

Die Rolle nach unten bis zur Fußleiste ziehen und die Rolle dann abreißen. Darauf achten, dass das Kreppband wieder genau am Strich des Farbfolgestreifens endet.

Unten sollte es dann so aussehen:

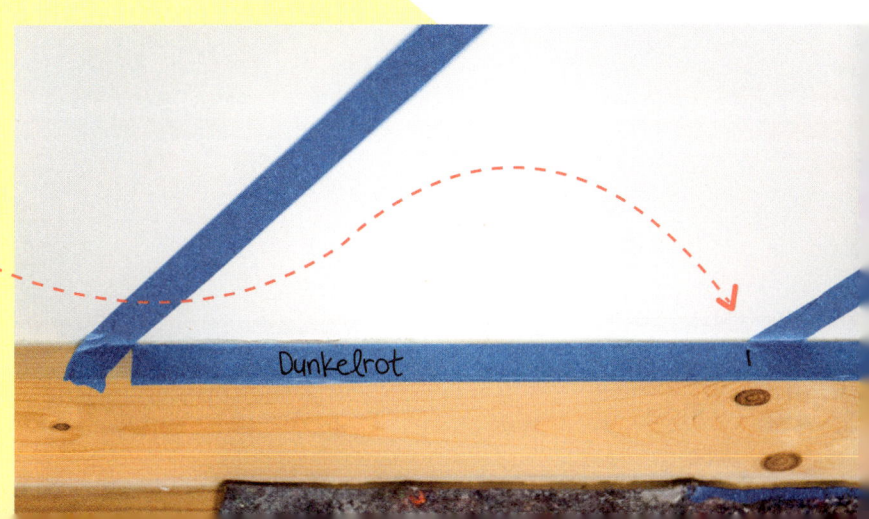

Zunächst den ersten „Strahl"
dunkelrot ausmalen.

Trocknen

Das rechte Kreppband vorsichtig abziehen.
Nicht wegwerfen! Es wird nochmals gebraucht: Diesmal wird es AUF den gerade
rot ausgemalten Strahl geklebt, um diesen
folgendermaßen zu schützen:

Das lange Stück Kreppband sauber entlang
des Rands des roten Strahls kleben.

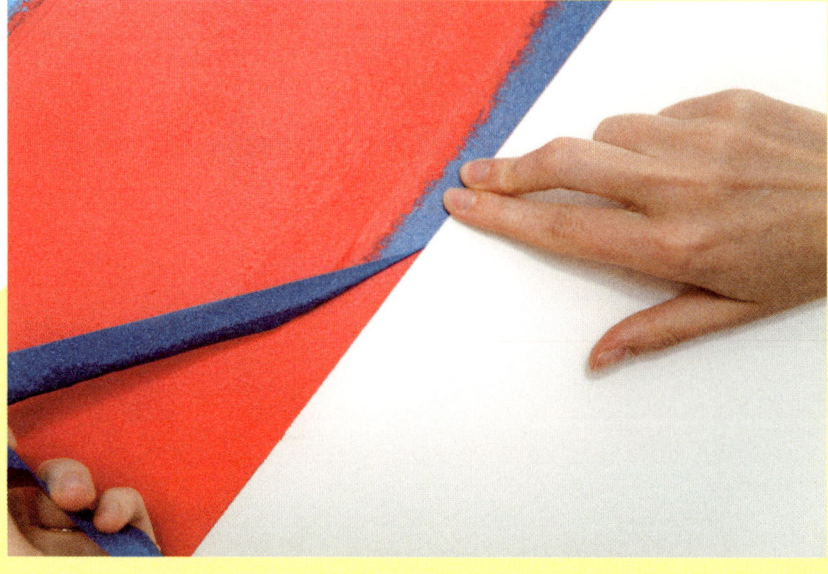

9

Für den nächsten Strahl Schritt 6 in der nächsten Farbe auf dem Farb-folgestreifen wiederholen.

Auf diese Weise alle Farbstrahlen arbeiten. Am Ende kommt der allerbeste Moment: Das Kreppband abziehen. HIMMLISCH!

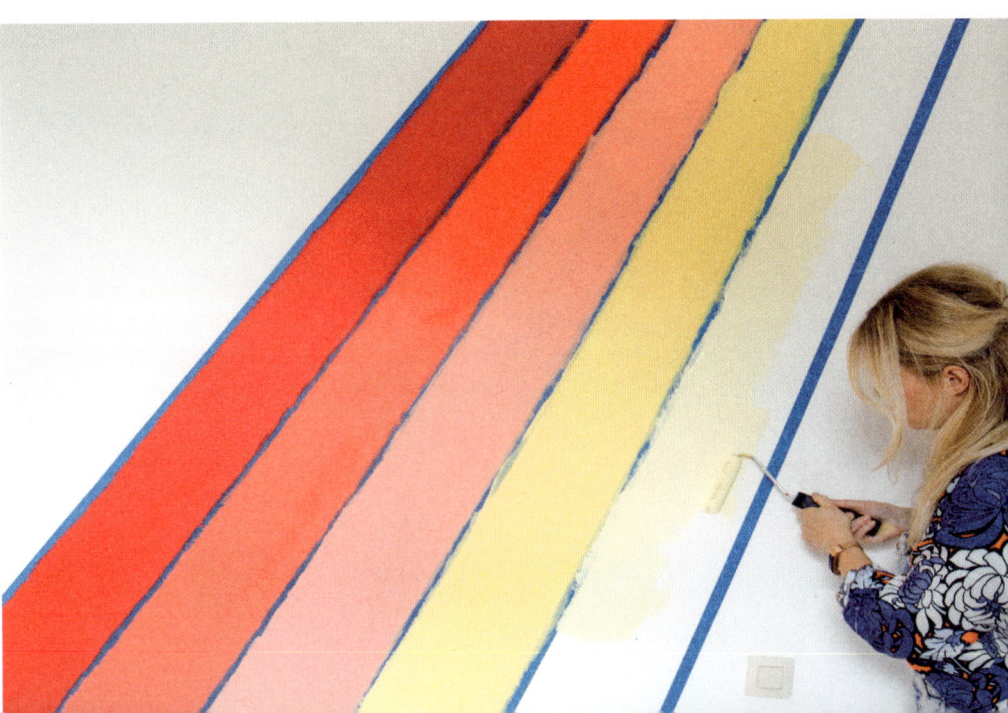

Bill ist fast drei Jahre alt und wohnt in Halle. Er ist am liebsten draußen und liebt die Natur. Und nicht nur ein bisschen: Darum muss auf seiner Kleidung auch immer etwas von der Natur stehen, sonst zieht er sie nicht an. Ein Regenbogen, ein Bär, Wolken, Pflanzen ... alles ist okay, solange es mit der Natur zu tun hat. Ich denke, dass ich mit dem Tiger auf seiner Wand ins Schwarze treffe ...

TIGERKRAFT

An einem warmen Sommerabend frisch gewaschen aus dem Bad gekommen, die Haare nach hinten gekämmt und im Schlafanzug vor dem Fernseher „Hinterm Mond gleich links geguckt", während ich eine Schüssel mit Frosties-Cornflakes (mit kalter Milch) löffelte: Das ist eine meiner schönsten Kindheitserinnerungen. Dieses Wandbild ist eine süße, wenngleich auch coole Variante von Tony dem Tiger und eine Ode an die warmen, frisch gewaschenen Sommerabende.

DAS BRAUCHEN WIR

ANGABEN FÜR EINE WAND VON 3,5 M BREITE UND 2,5 M HÖHE.
NACH JEDER SCHICHT DIE FARBE TROCKEN FÖHNEN. MEIST REICHEN ZWEI FARBSCHICHTEN.

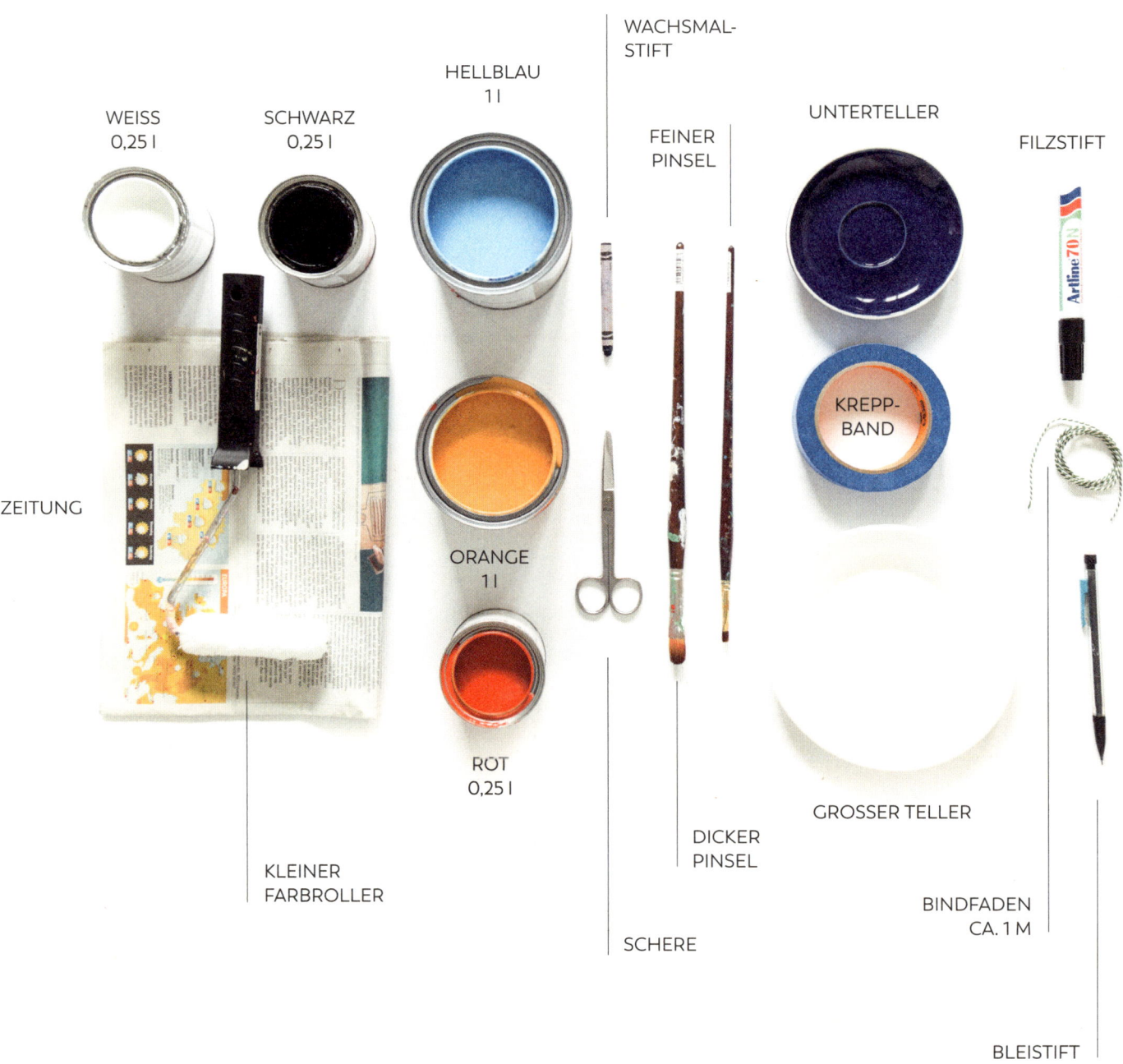

WACHSMAL-
STIFT

HELLBLAU
1 l

WEISS
0,25 l

SCHWARZ
0,25 l

FEINER
PINSEL

UNTERTELLER

FILZSTIFT

ZEITUNG

KREPP-
BAND

ORANGE
1 l

RÖT
0,25 l

KLEINER
FARBROLLER

DICKER
PINSEL

GROSSER TELLER

BINDFADEN
CA. 1 M

SCHERE

BLEISTIFT

60

SO GEHT'S

1

Einige Zeitungsseiten mit dem Malerkreppband zusammenkleben.

2

Mit einigen Stücken Kreppband die Zeitungsseiten auf die Mitte der Wand kleben. Mit einem Filzstift einen Kreis in der gewünschten Größe des Tigerkopfes aufzeichnen.

3

Den Kreis ausschneiden und beiseitelegen. Die Reste der zusammengeklebten Zeitungsseiten von der Wand abnehmen und wegwerfen.

4

Für einen großen Kreis den Wachsmalstift am Bindfaden befestigen. Diese Methode ist in Schritt 1 auf S. 79 beschrieben.

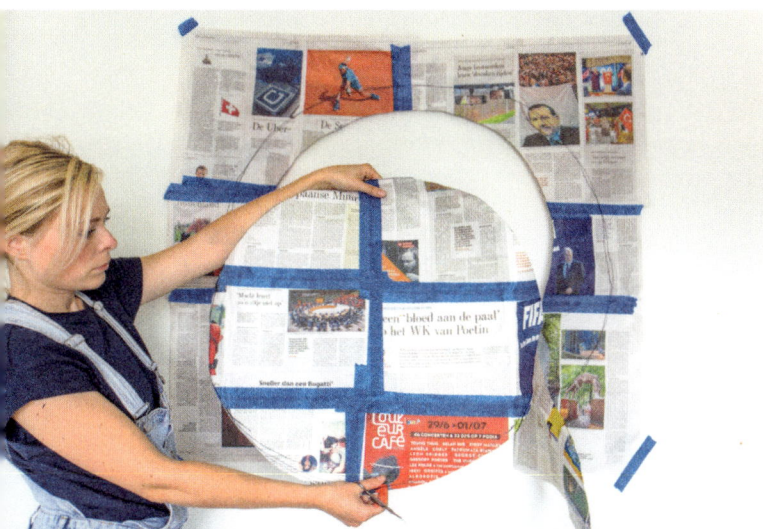

5

Den ausgeschnittenen Kreis auf die Wandmitte kleben. Das Ende des Bindfadens in der Kreismitte positionieren. Mit dem Finger kräftig andrücken. Der Bindfaden sollte straff gespannt sein. Mit dem Wachsmalstift einen kompletten Kreis ziehen.

6

Den Zeitungspapierkreis wieder abnehmen und beiseitelegen. Den gerade gezeichneten Kreis an der Wand mit kleinen abgerissenen Kreppbandstückchen abkleben – wie in Schritt 3 auf S. 79 beschrieben. Nun im Inneren kurze, zeigefingergroße Kreppbandstücke aufkleben. Die Stücke nicht abreißen, sondern sauber abschneiden.

Die aufgeklebten Stücke dürfen über den Rand des Kreises ragen.

7

Den Kreis in zwei Schichten blau zeichnen. Die aufgeklebten Kreppbandstücke abnehmen. Keines vergessen, okay!

Auch das Kreppband vom Kreis abziehen. Mit etwas Glück lässt sich das lange Stück auf einmal abziehen!

8

Den Papierkreis wieder in die Mitte des blauen Kreises kleben und mit dem Bleistift den Umriss nachzeichnen. Den großen Teller links und rechts oben auf das Papier legen und den Umriss der Ohren mit Bleistift nachzeichnen.

9

Den Papierkreis abnehmen. Mit dem großen Pinsel den Umriss des Tiger-kopfes nachziehen und ausmalen. **(Was ist Umrisse nachziehen und Ausmalen? Siehe S. 13.)**

10

Den Unterteller in die Ohren des Tigers setzen. Das wird die Innenseite. Einen Halbkreis (oben entlang) zeichnen und diesen unten mit einer Linie verbinden.

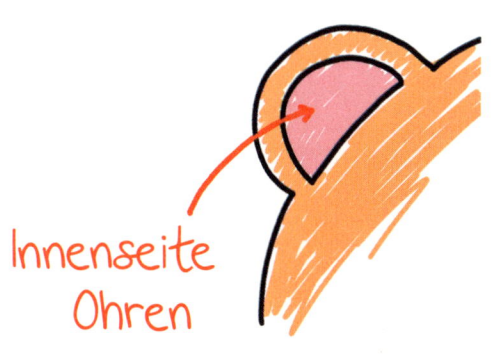

Innenseite Ohren

11

Die weiße Farbe mit einigen Tropfen roter Farbe mischen und die Innenseite der Ohren rosa ausmalen.

12

Mit einem feinen Pinsel 3 schwarze Dreiecke auf die Stirn, 3 Dreiecke auf die linke Wange und 3 Dreiecke auf die rechte Wange malen.

13

Der Schal von Tony dem Tiger wird hier zum coolen Stirnband: Zunächst mit dem Bleistift aufzeichnen, dann den Umriss mit Rot nachziehen und dann ausmalen.

14

Das Auge, das zusammenge-kniffene Auge, die Nase und die Zunge mit Bleistift zeichnen. Anschließend mit der Farbe nachmalen. Geben Sie dem Tiger noch einige Sommersprossen! Fertig!

Casimir ist fünf Jahre alt und wohnt in Gentbrügge. Er liebt alles, was mit der Erde zu tun hat, spielt gern Abenteuer nach und hätte am liebsten alles, was damit zusammenfängt, an seiner Wand. Mit meinem knappen Zeitplan konnte ich das alles nicht malen. Also fragte ich ihn, ob ein Dschungel auch gut sei. Er sagte: „Okay, wenn ich zusehen darf!" Und so saß er dann die ganze Zeit in seinem Jeep-Bett und sah zu, wie der Dschungel Gestalt annahm.

MIT DEM JEEP DURCH DEN DSCHUNGEL

Als mir ein Foto von diesem Zimmer zugeschickt wurde, wusste ich direkt: Dieser Jeep gehört in den Dschungel! Beim Bemalen dieser Wand lief die ganze Zeit das Lied von Samson & Gert aus der gleichnamigen Kinderserie in Endlosschleife in meinem Kopf. Für dieses Wandbild brauchen Sie etwas Zeichentalent. Aber Sie können natürlich auch eine Tante, einen Freund oder eine Kusine fragen, die alle gut zeichnen können, und die Aufgaben verteilen. Zu zweit geht es immer schneller und macht auch mehr Spaß.

Wenn Sie sich vor allem für das Krokodil interessieren, dann habe ich gute Nachrichten: Das gelingt auch ohne großes Zeichentalent. Es wird auf den folgenden Seiten gut beschrieben. Wenn Sie einigermaßen gut zeichnen können, dann bereiten Ihnen auch die Pflanzen keine Mühe: Sie zeichnen den Umriss mit dem Bleistift, ziehen ihn mit Farbe nach und malen die Innenfläche aus.

DAS BRAUCHEN WIR

ANGABEN FÜR EINE WAND VON 4 M BREITE UND 3 M HÖHE.
NACH JEDER SCHICHT DIE FARBE TROCKEN FÖHNEN. MEIST REICHEN ZWEI FARBSCHICHTEN.

WEISS
0,25 l

BRAUN
0,25 l

BLAU
1 l

GELB
0,5 l

PINSEL MIT
VERSCHIEDENEN
SPITZEN

KREPPBAND

SCHWARZ
0,25 l

FARBROLLER

GROSSER TELLER

UNTERTELLER

BECHER

SPITZER BLEISTIFT

GRAU
0,5 l

CUTTER

PINSEL MIT GERADER
SPITZE

SPINATGRÜN
0,5 l

KROKODILGRÜN
0,5 l

SCHULTAFELGRÜN
0,5 l

SO GEHT'S

Mit dem Teich anfangen: Die Seitenwände und den Boden abkleben **(Was ist Abkleben? Siehe S. 12.)** Kleben Sie das Klebeband waagerecht über die gesamte Breite der Wand an die Stelle, an der der Teich sein soll. Malen Sie diesen Bereich blau an.

2

Das obere Kreppband vom Teich abziehen. Mit Grau oben links einen kleinen und unten rechts einen großen Felsen zeichnen. Die Umrisse mit Grau nachziehen und die Flächen ausmalen. **(Was ist Ausmalen? Siehe S. 13.)**

> Ich lasse den Felsen auf der Seitenwand weiterlaufen, doch er kann auch mit dem Seitenrand des Teiches abschließen.

3

> Wenn Sie einige Schritte von der Wand zurücktreten und mit dem Resultat nicht zufrieden sind, können Sie immer noch einiges korrigieren. Wie Sie unten an der Pflanze sehen, gelingt es mir auch nicht immer beim ersten Mal ...

Die Pflanzen zeichnen und die Umrisse in Schultafelgrün nachziehen. **(Was ist Umrisse nachziehen? Siehe S. 13.)** Die Pflanzen ausmalen, wenn die Form gut geglückt ist!

4

Nun kommt das Krokodil. Für den Oberkiefer zwei parallellaufende Kreppbandstreifen aufkleben.

Die beiden Linien oben mit einem Stück Kreppband verbinden. Verlaufen die beiden Linien wirklich parallel? Mit einem Buch oder einem Smartphone, das genau dazwischen passt, kontrollieren.

Den Unterkiefer genauso arbeiten. Die beiden Linien sollten auch parallel zum Boden verlaufen

Mit einem Cutter das ==innen liegende== Kreppband herausschneiden.

Links vom Oberkiefer ein Stück Kreppband aufkleben, das parallel zum Unterkiefer verläuft.

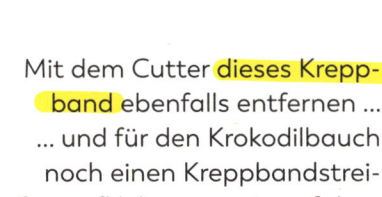

Mit dem Cutter dieses Kreppband ebenfalls entfernen ...
... und für den Krokodilbauch noch einen Kreppbandstreifen aufkleben, so wie auf dem Foto zu sehen.

Die Oberseite des Krokodils grün anmalen.

Das untere Stück Kreppband abziehen und darüber kleben, genau auf die Linie, die gerade grün angemalt wurde.

In einem Töpfchen das Grün für den Bauch vorbereiten: Weiß (ca. 3/4) und ein wenig Krokodilgrün (ca. 1/4) mischen. Den Bauch des Krokodils grün anmalen. Das gesamte Kreppband vom Krokodil abziehen.

5

Den großen Teller auf den Knick legen, an dem Maul und Körper des Krokodils zusammenstoßen, und die obere Hälfte des Tellerumrisses zeichnen. Direkt daneben (links) einen zweiten Halbkreis zeichnen. Die Umrisse in Krokodilgrün nachziehen und die Fläche ausmalen.

Mit dem kleineren Teller die Augen aufmalen! Einen ganzen Kreis herumziehen, den Umriss mit Weiß nachziehen und weiß ausmalen.

Mit dem Becher die Pupillen aufzeichnen und schwarz ausmalen. Mit dem Becher zwei Halbkreise (so wie gerade mit dem großen Teller) an das Ende des Mauls zeichnen und grün ausmalen. Das wird seine Nase.

Das Krokodil kann schielen oder in die ein oder andere Richtung schauen.

Für einen sauberen Übergang zwischen Maul und Zähnen die Innenkante des Mauls zunächst gerade abkleben und dann die weißen Zähne malen.

6

Lassen Sie Ihrer Fantasie freien Lauf! Ich malte noch den Schwanz eines Leoparden, oben einige Lianen und einen Affenschwanz, eine Schlange, die aus dem Grün herausschaut, eine Sonne ...

Sam ist zwei Jahre alt und wohnt in Ledeberg. Hier trägt sie ein Kleid, eine absolute Ausnahme. Sie ist nämlich ein echter Tomboy und würde am liebsten nur Hosen tragen, zum Verdruss ihrer Mutter, die den Schrank voll mit bunten Kleidern hängen hat. In Sams Bett liegen jede Menge Stofftiere und jedes Stofftier bekommt ein spezielles Einschlafritual. „Schnell ins Bett" – diesen Spruch werden Sie in Ledeberg nicht oft hören.

DER TRICK MIT DER
TRANSPARENZ

Dieses streng geometrische Muster macht aus dem Kinderzimmer etwas ganz Besonderes. Eigentlich ist der Entwurf auch perfekt für das Schlafzimmer, den Flur oder das Hobbyzimmer – er ist im Prinzip unabhängig von Alter und Zimmer und sowohl für Mädchen als auch für Jungen geeignet.

Damit die optische Illusion voll zur Geltung kommt, ist es wichtig, dass Sie passende Farbkombinationen verwenden. Es muss so aussehen, als lägen zwei Formen übereinander. Deshalb ist auch die Farbe an der Überlappung wichtig. Ich zeige Ihnen einige mögliche Kombinationen:

DAS BRAUCHEN WIR

ANGABEN FÜR EINE WAND VON 2,1 M BREITE UND 2,3 M HÖHE.
NACH JEDER SCHICHT DIE FARBE TROCKEN FÖHNEN. MEIST REICHEN ZWEI FARBSCHICHTEN.

FEINER FARBROLLER

KREPP-
BAND

WACHSMAL-
STIFT

VIOLETT
0,25 l

ROSA
0,5 l

BLAU
0,5 l

STÜCK BINDFADEN,
LÄNGE CA. 1,5 M (SOLLTE
NICHT ELASTISCH SEIN)

SO GEHT'S

Das Ende des Bindfadens um den Wachsmalstift wickeln und festknoten.

Das „lose" Ende des Bindfadens an der linken oberen Ecke der Wand anlegen. Gut festhalten, denn es sollte nicht verrutschen!

Den Bindfaden straffziehen und den Wachsmalstift von der Decke bis zur linken Wand über die Wand ziehen. So entsteht ein Teilstück vom Kreis.

Kleine Stücke Kreppband von der Rolle abreißen und die Außenseite des Kreises damit abkleben.

4

Die Seitenwand und die Decke zum Kreis hin abkleben. **(Was ist Abkleben? Siehe S. 12.)**

Mit kleinen Stücken lässt sich wunderbar eine runde Form abkleben!

5

Den Kreis zweimal in Rosa streichen und anschließend das Kreppband wieder abziehen. Der Kreis ist fertig!

6

Nun drei Stücke Kreppband auf die Mauer kleben (diese dienen lediglich als Referenzpunkte):
A. Ein Stück in die Mitte, irgendwo unten im Kreis
B. Ein Stück an der Seite (in der Mitte der rechten Wand)
C. Ein Stück in die Mitte der Wand, die an den Boden grenzt.

7

Die kleinen Kreppbandstücke miteinander verbinden: Einen langen Streifen Kreppband vom Boden zum Kreis und einen langen Streifen von der rechten Wand zum Kreis kleben. Innerhalb dieses Dreiecks die Seitenwand und den Boden abkleben.

8

Um den rosa Kreis zu schützen, die Kreisinnenseite abkleben. Das geht am besten mit kleinen Stücken Kreppband, die von der Rolle abgerissen werden.

9

Das Dreieck bis zu dem Stück, das zuvor auf dem rosa Kreis abgeklebt wurde, blau streichen (zwei Farbschichten).

10

Das Kreppband, das den rosa Kreis schützen soll, abziehen und wegwerfen.

Die blaue Farbe mit dem Haartrockner trocknen.

11

Diesmal die Außenseite des Kreises schützen. Dazu viele kleine Stücke Kreppband auf das blaue Feld, entlang des rosa Kreises, kleben.

12

Die Innenseite dieses „gemeinsamen" Feldes zweimal rosa streichen. Das Kreppband abziehen und fertig!

Lux ist elf Jahre alt und wohnt in Sint-Amandsberg. Von dem Tag, an dem ich zum Malen kam, drehte ihr Vater einen Film, auf dem zu sehen ist, wie das Wandbild entstand. Er hatte ein bestimmtes Szenario vor Augen: Lux sollte ins Zimmer kommen, wenn die Mauer komplett fertig war, damit ihre spontane Reaktion im Film zu sehen war. Deshalb wartete sie rund anderthalb Stunden – sehr ungeduldig – auf der Treppe im Flur. Doch ihr Gesicht, als sie hereinkam, war einfach göttlich: So glücklich habe ich selten jemanden gesehen.

JA, GEBOGEN!

Da bekommt man gleich gute Laune! Die bunten Felder
sehen aus wie bunte Streusel oder Pool-Nudeln ... Diese Wand
ist übrigens ein toller Hintergrund für Fotos.

Um diesen Entwurf möglichst einfach auf die Wand zu
übertragen, habe ich einige Nächte wach gelegen ...
Ich wusste nicht, wie ich die Form eines Bogens möglichst
leicht auf die Wand übertragen sollte. Die zwei Linien
eines Bogens müssen nämlich perfekt parallel laufen und die
gleiche Biegung haben. Und dann ging mir ein Licht auf!
Mit Pappresten, Klebeband und zwei Wachsmalstiften
war die Idee zum Ziehen des Bogens geboren. Wie
einfach es doch manchmal sein kann!

DAS BRAUCHEN WIR

ANGABEN FÜR EINE WAND VON 3,5 M BREITE UND 2,5 M HÖHE.
NACH JEDER SCHICHT DIE FARBE TROCKEN FÖHNEN. MEIST REICHEN ZWEI FARBSCHICHTEN. ENDE.

FLACHER
BÜRSTENPINSEL

BLEISTIFT

FEINER PINSEL

2 WACHS-
MALSTIFTE

GRÜN
0,25 l

GELB
0,25 l

BLAU
1 l

HELLROSA
0,25 l

DUNKELGELB
0,25 l

ORANGE
0,25 l

DUNKEL-
ROSA
0,25 l

GHOSTBUSTERS

PAPPRESTE

KAFFEETASSE

FARBROLLER

KREPPBAND

SCHERE

BONBON NACH BELIEBEN

1

Die Wand abkleben **(Was ist Abkleben? Siehe S. 12.)** und die Farbe in zwei Schichten auftragen.

2

Die Pappreste übereinanderlegen. Sie sollten ungefähr die gleiche Größe haben und der Stapel sollte etwa zwei Fingerbreit dick sein. Mit einem Stück Klebeband zusammenbinden.

Die Kaffeetasse auf die Pappe stellen und an sich gegenüberliegenden Seiten der Tasse jeweils einen Punkt markieren.

Die Pappe mit einer Schere an den markierten Stellen durchbohren. Die Schere muss durch alle Pappschichten gehen!

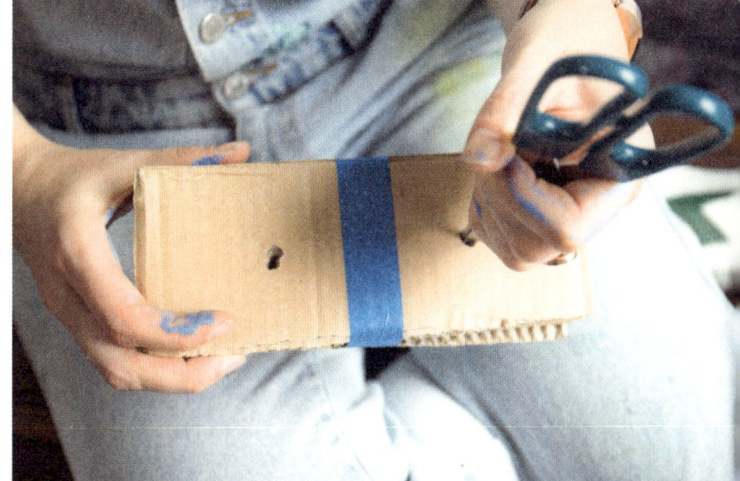

Die zwei Wachsmalstifte durch beide Löcher stecken, sodass ihre Spitzen auf der anderen Seite herauskommen!

3

Den „Bogenzieher" an der Wand anlegen und mit einer fließenden Armbewegung über die Wand ziehen. Die Bogen über die gesamte Wand verteilt zeichnen.

Zwei Bogen für die zwei „Doppelbogen" auswählen. Dazu den Bogenzieher mit einem Wachsmalstift auf die unterste Linie eines bestehenden Bogens setzen und diese Linie nachziehen. Dabei nicht zu schnell arbeiten!

4

Mit der Kaffeetasse und dem Bleistift weiterarbeiten. Die Kaffeetasse auf das Ende eines Bogens setzen. Um die zwei Linien des Bogens zu verbinden, die Hälfte des oberen Tassenumrisses nachziehen.

5

Die Bogen mit dem feinen Pinsel nachziehen und mit dem flachen Pinsel ausmalen. **(Was ist Umrisse nachziehen
und Ausmalen? Siehe S. 13.)**

Zuerst alle grünen Bogen ausmalen, dann
alle rosafarbenen, dann alle gelben usw.,
Farbe nach Farbe!

6

Genießen Sie Ihr
Belohnungs-Bonbon
nach Wahl!

Jackie ist sieben Wochen alt und wohnt in Aalst. Ich glaube, dass viele Mädchen neidisch auf das prächtige Büschel Haare sind, das Jackie seit dem ersten Tag hat!

GEOMETRIE AN DER WASHI-WALL

Sie können Ihre normalen Sachen anlassen: Hier tropft keine Farbe irgendwo hin. Diese Wand ist komplett mit Washi Tape bearbeitet. Das ist ein dekoratives Klebeband aus Reispapier, das leicht abzureißen ist. Es ist ein enorm vielseitiges und häufig unterschätztes Produkt. Aus dem Weg, geometrische Hirschköpfe und Origami-Segelflieger, diese Wand katapultiert das Washi Tape in ungeahnte Höhen.

Das Schöne an diesem Entwurf ist, dass Sie mit der Transparenz von Washi Tape spielen können. Ich fand online breite Rollen, was bei diesem Design viel Arbeit erspart. Haben Sie zu Hause noch schmale Rollen liegen? Kein Problem, Sie können diese genauso gut verwenden! Ich zeige Ihnen auch, wie.

DAS BRAUCHEN WIR

ANGABEN FÜR EINE WAND VON 2 M BREITE UND 2,5 M HÖHE.

WASSERWAAGE

DRUCKBLEISTIFT

SCHERE

CUTTER

GEODREIECK ODER
DREIECKIGE MESSLATTE
(SIE BRAUCHEN EINEN
RECHTEN WINKEL)

3 ROLLEN WASHI
TAPE 15 MM

1 ROLLE
100 MM*

2 ROLLEN
50 MM*

* AUF 1 ROLLE SIND MEIST 10 M; SIE BRAUCHEN ALSO NICHT VIELE ROLLEN.

SO GEHT'S

1

Die Wasserwaage an der Wand anlegen und eine sehr dünne Linie zeichnen – so lang, wie das Washi Tape aufgeklebt werden soll.

2

Das Washi Tape genau auf diese Linie kleben.

> Der Bleistiftstrich darf nicht zu sehen sein. Washi Tapes in hellen Farben sind transparent. Deshalb sollten Sie eine möglichst feine Linie ziehen.

3

Den rechten Winkel am rechten Rand des Tapes ansetzen. Mit dem Cutter den Rand des Dreiecks entlanggehen. Nicht zu fest drücken! Die Rolle wegziehen.

4

Die Wasserwaage nochmals an der Wand anlegen – diesmal in einer anderen Richtung. Auch hier wieder eine feine Linie ziehen.

5

Das Tape genau auf die Linie kleben.

Zwischendurch auch immer wieder kleine Stücke dazwischensetzen!

6

Lassen Sie Ihrer Fantasie freien Lauf! Die einzige Spielregel ist, dass alle Stücke Tape gerade und im rechten Winkel aufgeklebt werden müssen ...

SIE HABEN NOCH EINIGE SCHMALE ROLLEN TAPE?

1

Die Streifen akkurat nebeneinan-
derkleben – darauf achten, dass
sie sich nicht überlappen und kein
Zwischenraum dazwischen bleibt.

2

Die Vorgehensweise ist die gleiche wie bei
den breiten Rollen. Das Dreieck an die senk-
rechte Seite des Tapes ansetzen und mit
dem Cutter vorsichtig schneiden.

3

... VOILÀ!

Juliette ist sechs Jahre alt und wohnt mit Papa Bert und Mama Liesbeth in Liedekerke. Ihre Lieblingsfarbe ist Neonrosa. Als ich ihr Zimmer strich, erzählte sie mir, dass sie unheimlich gern Eier aß (gekocht, Rührei, Spiegelei, in Pfannkuchen), aber nicht roh. Ich antwortete ihr, dass, wenn sie nachts Hunger habe, sie ein Stück von ihrem Wandbild aufessen könne, aber das gefiel ihr überhaupt nicht.

DAS EIMOJI

Spiegeleier sind immer ein hübscher Blickfang: die wellige weiße Form mit dem perfekt orangen Kreis ... da kann man sich die Finger nach lecken. Dieses Spiegelei können Sie sogar mit verbundenen Augen zeichnen, so einfach ist es. Ich habe zudem noch einige Tricks für dieses Wandbild, die das Ganze kinderleicht machen.

Das Zeichnen eines Emojis erfordert ein wenig Zeichentalent: Sie zeichnen es frei mit dem Bleistift und arbeiten dann mit dem feinen Pinsel weiter. Klappt es nicht direkt? Keine Sorge: Malen Sie es einfach wieder gelb, trocknen Sie die Farbe mit dem Haartrockner und probieren Sie es nochmals. Oh ja, dieses Wandbild geht eigentlich über zwei Wände, denn an die Wand neben der Emoji-Wand verteilen wir Punkte mit einem Schatten ... extrem einfach, *pinky promise*!

DAS BRAUCHEN WIR

ANGABEN FÜR EINE WAND VON 2 M BREITE UND 2,5 M HÖHE.
NACH JEDER SCHICHT DIE FARBE TROCKEN FÖHNEN. MEIST REICHEN ZWEI FARBSCHICHTEN.

TELLER (IN DER GRÖSSE DES DOTTERS)

FEINER PINSEL

MITTELFEINER
PINSEL

WEISS
0,25 l

SCHWARZ
0,25 l

ORANGE
0,25 l

CUTTER

ROSA
1 l

BLEISTIFT

FARBROLLER

ANZA

ALKOHOLSTIFT

1 ROLLE
KREPP-
BAND

2 SCHWÄMME

SO GEHT'S

1

Die Wand abkleben und die Wand anschließend zweimal rosa streichen. **(Was ist Abkleben? Siehe S. 12.)**

2

Den Teller umdrehen und auf die Mitte der Wand legen. Den Umriss des Tellers mit dem Bleistift zeichnen.

3

Mit dem Bleistift eine Wellenlinie rund um den Kreis zeichnen. Die Innenseite der Form mit Weiß nachziehen. Auch den Kreis an der Außenseite weiß nachziehen. **(Was ist Umrisse nachziehen? Siehe S. 13.)**

4

Das „Eiweiß" ausmalen, natürlich in Weiß! **(Was ist Ausmalen? Siehe S. 13.)** Die Innenseite des Kreises mit Orange nachziehen und dann ausmalen. Willkommen, Eidotter!

Mit dem Bleistift das Lieblings-Emoji-Gesicht aufmalen. Nicht schlimm, wenn es nicht direkt beim ersten Mal gelingt. Wie hier zu sehen, habe auch ich einige Anläufe gebraucht ... Einfach schwarz übermalen. Das merkt hinterher niemand.

5

Mit dem feinen Pinsel die Bleistiftstriche übermalen. Nicht den Glanz vergessen!

Er hat diese Form:

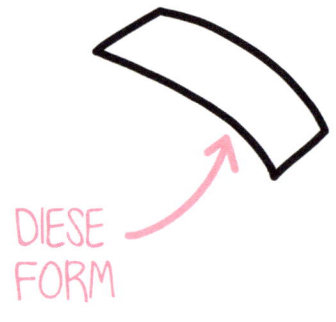

DIESE FORM

DIE PÜNKTCHEN-WAND

6

GLAS ODER BECHER IN DER GRÖSSE DES PUNKTES

7

Auf der danebenliegenden Wand tupfen wir mit den Schwämmen die Punkte auf. Die weiche Schwammseite in wenig schwarze Farbe reiben (nicht zu viel, sonst tropft es) und einen Punkt auf die Wand drücken. Den Schwamm im Uhrzeigersinn drehen und ihn dabei leicht andrücken.

Darauf achten, dass alle Punkte auf unterschiedlicher Höhe sind und kein Muster bilden. So wahllos wie möglich!

Mit dem Haartrockner

Sobald die schwarzen Pünktchen getrocknet sind, mit dem zweiten Schwamm Pünktchen in Orange arbeiten. Diese sollten nur etwas tiefer als die schwarzen liegen. So sieht es aus wie ein Schatten.

8

Die zweite Schicht trage ich mit einem Pinsel auf, sobald die erste Schicht trocken ist!

Diese Pünktchen sind auch für sich genommen – ohne Eimoji – ein dekorativer Blickfang. Und ein schöner Fotohintergrund obendrein! Hihi!

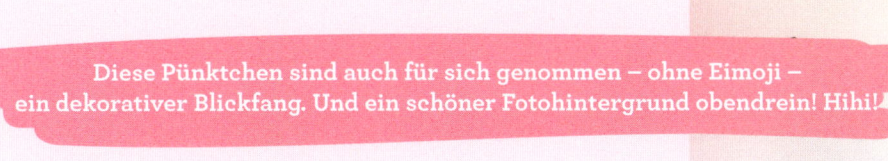

Leon ist drei Jahre alt und wohnt in Schaarbeek. Leon antwortet auf alles mit „NEIN". Sogar auf die Frage, ob er Süßigkeiten mag! Doch bei der Frage „Kannst du immer nur NEIN sagen?" war er ehrlich. „JA!", sagte der verrückte Knirps.

Der Name des Kindes in Großbuchstaben und in seinen Lieblingsfarben ... das ist doch wirklich der Inbegriff einer personalisierten Wand. Am schnellsten ist es natürlich, den Namen mit dem Beamer auf die Wand zu projizieren, aber Beamer sind nicht gerade billig. Zudem muss ausreichend Abstand zur Wand bleiben, damit der Name auch groß auf die Wand geworfen werden kann ... doch für dieses Wandbild brauchen Sie nicht viel zu investieren, denn ich erkläre Ihnen die altbewährte Transfer-Methode!

HIER STEHT DEIN NAME

Schreiben Sie im Textverarbeitungsprogramm den Namen Ihres Kindes in der gewünschten Schrift. (Ich verwendete im Folgenden die Schrift „Colaba".) Wählen Sie eine Schrift, die schlicht und wenig verziert ist. In vielen Programmen können Sie ein Dokument als „Poster" drucken. Das heißt, dass Sie ein DIN-A4-Blatt so vergrößern können, dass es auf sechs oder zehn oder mehr DIN-A4-Blättern steht. Kurz alle Blätter zusammenpuzzeln, kleben und schon haben Sie den Namen im Poster-Format!

DAS BRAUCHEN WIR

ANGABEN FÜR EINE WAND VON 1,5 M BREITE UND 1,2 M HÖHE.

NACH JEDER SCHICHT DIE FARBE TROCKEN FÖHNEN. MEIST REICHEN ZWEI FARBSCHICHTEN.

DIN-A4-BLÄTTER MIT DEM NAMEN
IM POSTERFORMAT
(WIE'S GEHT, STEHT IM EINLEITUNGSTEXT)

PINSEL

GEODREIECK

FEINER PINSEL

SEHR FEINER PINSEL

BLEISTIFT

KUGEL-
SCHREIBER

KREIDE*

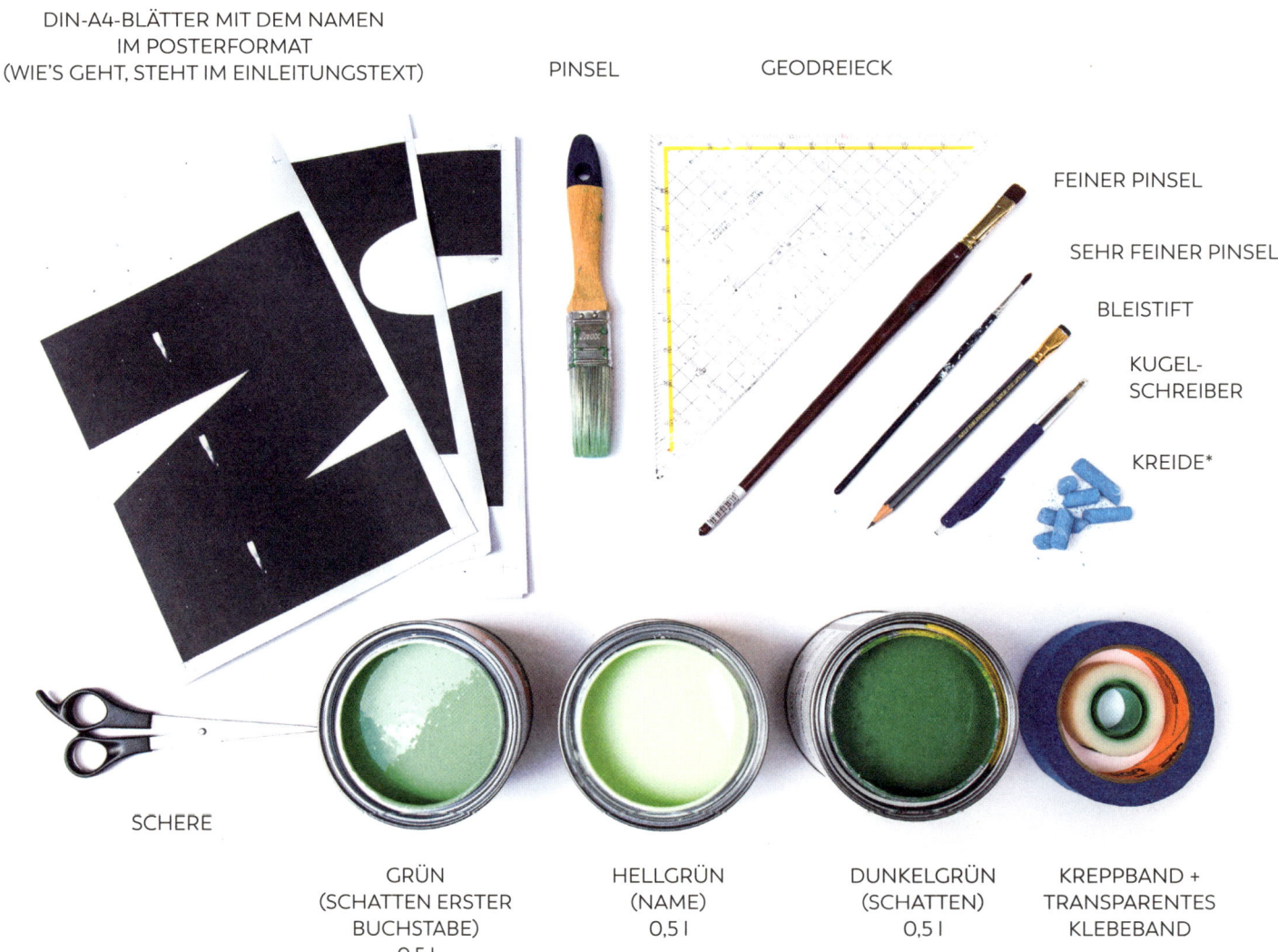

SCHERE

GRÜN
(SCHATTEN ERSTER
BUCHSTABE)
0,5 l

HELLGRÜN
(NAME)
0,5 l

DUNKELGRÜN
(SCHATTEN)
0,5 l

KREPPBAND +
TRANSPARENTES
KLEBEBAND

* KEIN WEISS, ES SEI DENN, SIE HABEN EINE DUNKLE WAND.

SO GEHT'S

1

Das Namenpuzzle mit den ausgedruckten Din-A4-Blättern zusammensetzen. An der Vorderseite mit dem transparenten Klebeband sauber zusammenkleben. Besser etwas mehr Klebeband als zu wenig!

2

Das große Blatt umdrehen und die Rückseite vollständig mit Kreide bemalen.

3

Den Namen (mit den Buchstaben auf der Vorderseite und der Kreide auf der Rückseite) an der Wand aufhängen. Gut festkleben, damit nichts verrutscht.

4

Mit dem Kugelschreiber die Konturen des Namens nachziehen.

Die Innenseiten der
Buchstaben nicht
vergessen!

5

Wird der Name abgenommen, steht er
in Kreide auf der Wand! Zauberei!

Mit dem Bleistift über die Kreide gehen
und die Kreide abwischen. Nun steht
der Name mit Bleistift auf der Wand!

Die Kreide müssen
Sie auf jeden Fall
abwischen, denn sonst
mischt sie sich nachher
mit der Farbe ...

Das Geodreieck mit der längsten Seite links vom ersten Buchstaben ansetzen. Mit dem Bleistift eine Linie vom höchsten Punkt des Buchstabens bis zum Boden oder bis zur Wand ziehen. Mit den anderen Buchstaben genau verfahren, doch die Linie unterbrechen, wenn sie auf einen anderen Buchstaben trifft (siehe Zeichnung).

HÖCHSTER PUNKT

GANZ LINKS OBEN

LEON

GANZ RECHTS UNTEN BEIM ERSTEN BUCHSTABEN

GANZ RECHTS UNTEN BEIM LETZTEN BUCHSTABEN

Bei runden Buchstaben den höchsten Punkt des Buchstabens suchen und das Geodreieck auf gleiche Weise dagegensetzen, um eine Linie zu ziehen.

Bei der äußeren rechten Seite unten beim ersten und letzten Buchstaben genauso vorgehen.

Praktisch ist es, ein Stück Kreppband aufzukleben, das der Linie des Buchstabens folgt. Daran das Geodreieck anlegen.

7

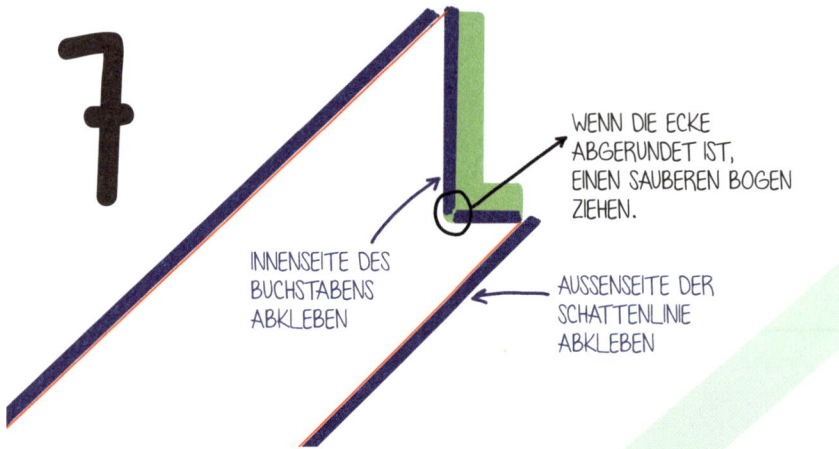

WENN DIE ECKE ABGERUNDET IST, EINEN SAUBEREN BOGEN ZIEHEN.

INNENSEITE DES BUCHSTABENS ABKLEBEN

AUSSENSEITE DER SCHATTENLINIE ABKLEBEN

Den Namen in Hellgrün malen. Wenn er trocken ist, den ersten Buchstaben an der Innenseite abkleben, damit er geschützt ist. Auch die Schattenlinien entlang der Außenseite abkleben, wie auf der Zeichnung zu sehen.

8

Diesen Schatten grün malen. Das Kreppband abziehen.

9

Auch die anderen Buchstaben mit Kreppband schützen und alle übrigen Linien abkleben. Das ist der Schatten des Namens, der nun dunkelgrün gemalt wird. Das Kreppband abziehen und fertig!

Den Buchstaben O habe ich nicht abgeklebt, da habe ich einfach akkurat drum herum gemalt.

Sue ist drei Jahre alt und wohnt in Aalst. An dem Tag, als ich bei ihr malte, war es sehr warm. Ihre Mama Herlinde hatte im Garten ein Planschbecken aufgebaut, aber Sue wollte nicht darin baden, da ihr das Becken nicht gefiel. Lieber nahm sie einen Farbroller in die Hand und half mit. Dabei futterte sie sich zügig durch meinen gesamten Vorrat an Erdnüssen.

 fast ein Tag

Das Blumen-Paradies

Haben Sie ein wenig Zeichentalent? Fantastisch. Dann können Sie sich hier richtig ausleben! Das Schöne an dieser Wand ist: Je kindlicher die Blumen und Pflanzen aussehen, desto besser! Das Perfekte liegt im Imperfekten.

Sie brauchen keinen Babysitter, während Sie mit diesem Bild beschäftigt sind. Ihr Kind kann einfach mitmalen. Es wird überglücklich sein, wenn das Bild fertig ist! Sie sollten natürlich darauf achten, dass es innerhalb der Linien malt.

DAS BRAUCHEN WIR

ANGABEN FÜR EINE WAND VON 2,7 M BREITE UND 2,1 M HÖHE.

NACH JEDER SCHICHT DIE FARBE TROCKEN FÖHNEN. MEIST REICHEN ZWEI FARBSCHICHTEN.

DUNKELROSA
0,25 l

SCHWARZ
0,25 l

SONNENGELB
0,25 l

BLEISTIFT

HELLGRÜN
0,5 l

HELLGELB
0,5 l

DUNKELGRÜN
0,25 l

KREPPBAND

HELLROSA
0,5 l

VIOLETT
0,25 l

FEINER FARBROLLER

MITTELFEINER PINSEL

FEINER PINSEL

SO GEHT'S

1

Die Wand nur unten abkleben. Zuerst mit der hellgrünen Farbe arbeiten. Mit dem Farbroller auf der Wandmitte den Umriss einer großen Fläche nachziehen.

Mit Hellgrün ausmalen.

Sollte der Rand an einigen Stellen nicht gut nachgezogen sein, diesen mit einem feinen Pinsel nacharbeiten.

2

Auf gleiche Weise ein rosa Feld unten auf die grüne Fläche setzen. Dieses sollte eine möglichst längliche Form haben, die links und rechts über die grüne Fläche hinausragt.

3

Die Sonne auf gleiche Weise malen. Sie muss nicht perfekt rund sein!

4

Zum Schluss ein hellgelbes Feld malen, das sich mit dem rosa und grünen Feld überlappt.

Zwischen einzelnen Schichten die Farbe mit dem Haartrockner trocknen.

5

Mit dem Bleistift den Kaktus vorzeichnen. Mit einem mittelfeinen Pinsel die Umrisse in Dunkelgrün nachziehen und in Dunkelgrün ausmalen. **(Was ist Umrisse nachziehen und Ausmalen? Siehe S. 13.)**

6

Nun kommen die violetten Blumen an die Reihe. Diese werden zunächst mit dem Bleistift vorgezeichnet. Dann werden die Umrisse mit violetter Farbe nachgezeichnet und ausgemalt. Das geht am besten mit dem mittelfeinen Pinsel. Die Mitte der Blüte frei lassen, hier wird zum Schluss als Stempel ein gelber Punkt aufgemalt!

7

Als Nächstes werden die dunkelrosa Blumen gemalt! Diese werden genauso gearbeitet wie die violetten Blumen.

8

Zum Schluss die letzten Details aufmalen. In die violetten Blumen einen schönen gelben Stempel malen. Mit einem feinen Pinsel schwarze Pünktchen auf die rosa Blumen und schwarze Streifen in den Kaktus setzen.

Risse ist vier Jahre alt und wohnt in Bierbeek. Sein toller Onkel machte ihm ein großartiges Geschenk: Er baute Risse das wohl coolste und schönste Bett aller Zeiten – eine Art Kletterhaus mit einem Fangnetz aus Tauen.

PLITSCH-PLATSCH

Risses Abenteurer-Bett erinnert mich an ein Piratenschiff und das muss natürlich auf dem Meer schwimmen. Nicht ein ruhiges Meer, sondern eines mit hohen Wellen und Haien. Die Wellen malen Sie mit breiten Farbstiften. Kaufen Sie einen Extra-Stift für Ihr Kind. Es kann, während Sie mit der Wand beschäftigt sind, damit auf dem Fenster malen. Die Farbe einfach nachher mit Wasser und einem Schwamm abwaschen!

Die Haiflosse zeichnen Sie auf ein Stück Pappe und schneiden sie aus. Wenn Sie nicht so gut zeichnen können, dann suchen Sie im Internet nach einer passenden Vorlage. Diese drucken Sie in der gewünschten Größe aus und übertragen Sie auf Pappe. Oder Sie malen ein Schiff oder einige Tintenfischarme oder einen Fischkopf oder eine Meerjungfrau ...

DAS BRAUCHEN WIR

ANGABEN FÜR EINE WAND VON 3,5 M BREITE UND 2,5 M HÖHE.

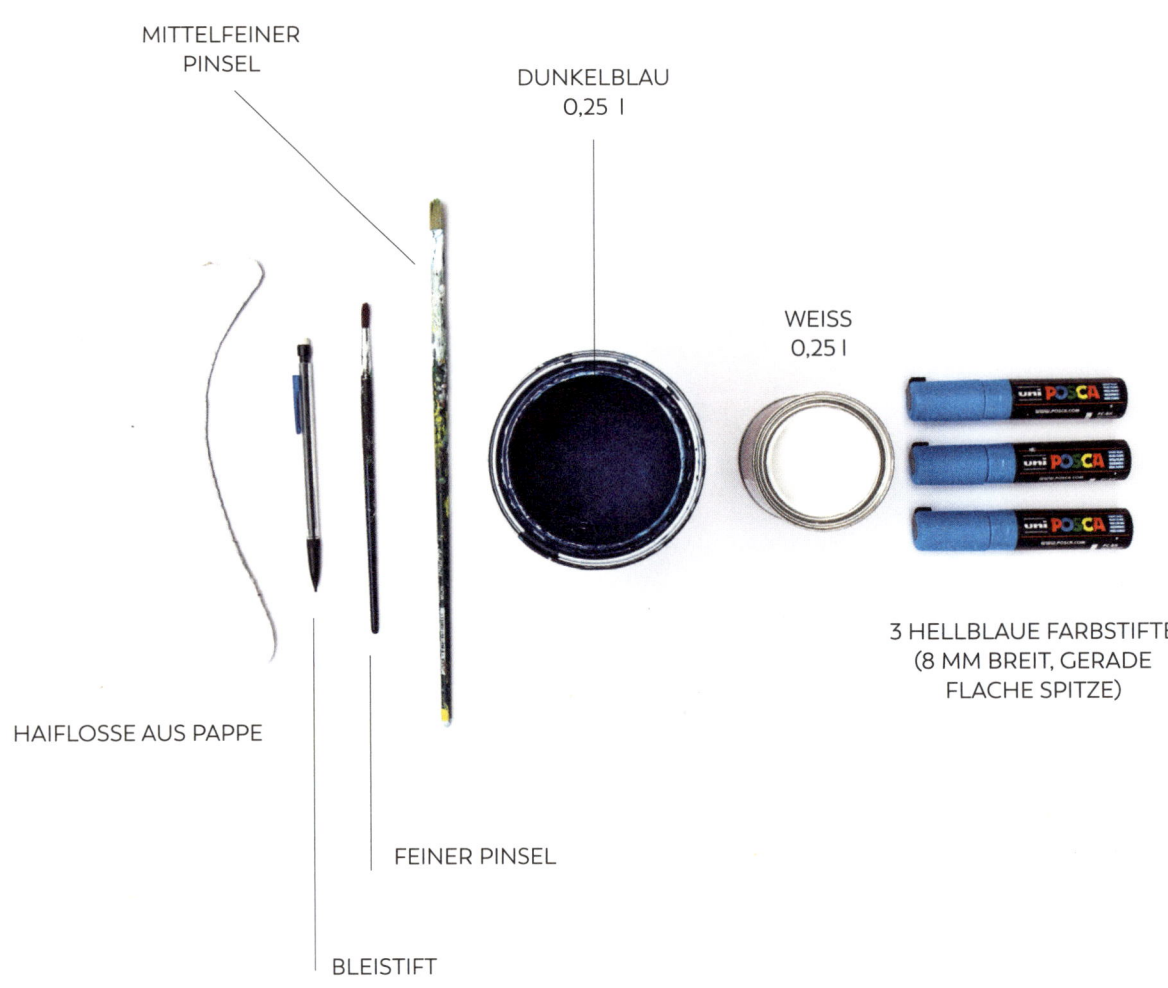

MITTELFEINER
PINSEL

DUNKELBLAU
0,25 l

WEISS
0,25 l

3 HELLBLAUE FARBSTIFTE
(8 MM BREIT, GERADE
FLACHE SPITZE)

HAIFLOSSE AUS PAPPE

FEINER PINSEL

BLEISTIFT

SO GEHT'S

1

Den Farbstift vor dem Gebrauch schütteln. Anschließend den Stift mit der Spitze auf ein Stück Papier oder Pappe setzen und die Spitze einige Male aufdrücken, bis Farbe austritt.

2

Auf der Wandmitte über die gesamte Wandbreite von links nach rechts eine durchgehende Wellenlinie zeichnen.

3

Im Abstand von einem Fingerbreit unter die Wellenlinie eine parallel verlaufende zweite Linie zeichnen. Auch diese verläuft über die gesamte Wandbreite. Weitere Linien bis unten an die Wand zeichnen!

Einige Linien liegen vielleicht näher zusammen, aber das macht nichts! Achten Sie nur darauf, dass die Linien sich nicht berühren.

An der unteren Wand an-
gekommen, sieht es aus, als
würden die Linien durchlaufen.

So werden die Wellen
abgeschlossen:

4 Wenn die Wellen etwas höher verlaufen
sollen, einfach oben einige zusätzliche
Linien über die gesamte Wandbreite
laufen lassen.

5

Die Haiflosse auf eine beliebige Welle setzen. Den Umriss der Haiflosse nachziehen – nur die Oberseite, also nicht das untere gerade Stück, das auf der Linie liegt.

6

Die Haiflosse mit dunkelblauer Farbe nachziehen. **(Was ist Umrisse nachziehen? Siehe S. 13.)**

7

Die Haiflosse in zwei Schichten dunkelblau ausmalen. Dann oben eine kleine Fläche weiß ausmalen. Et voilà!

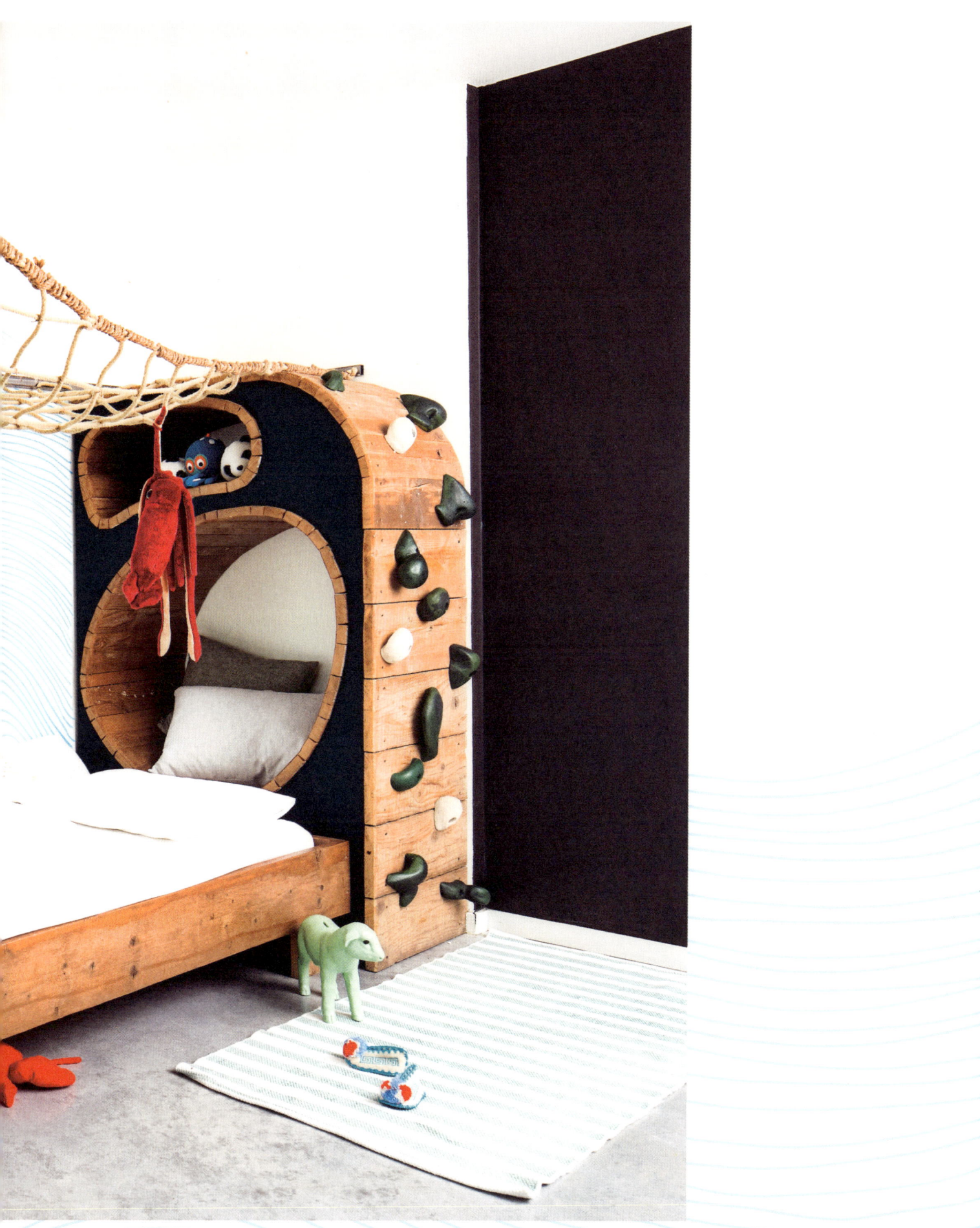

Rosie ist sechs Jahre alt und wohnt in Ternat. Ihre Mama Gwen ist Innenarchitektin und entwarf für sie ein Kinderzimmer, von dem viele andere Kinder nur träumen können! Rosie hingegen schläft lieber zwischen ihren Eltern im Bett. Also hat Gwen dort eine Matratze hingelegt und wartet ab, bis Rosie in ihr Traumzimmer ziehen will. Vielleicht hilft ihr dieser Regenbogen, den großen Schritt zu wagen ...

DER SÜSSESTE REGENBOGEN

Es wimmelte in den vergangenen Jahren von Flamingos, Donuts und Einhörnern. Auch Regenbogen waren ziemlich angesagt, bleiben aber immer echte Klassiker! Um diese zuckersüße Variante auf die Wand zu malen, brauchen Sie kein Picasso zu sein!

Bevor Sie starten, überlegen Sie kurz, wie breit die Farbstreifen werden sollen. Als „Referenzobjekt" wählte ich die Breite meines Smartphones. Und das nur, weil ich es gerade in der Tasche hatte! Praktisch. Aber Sie können ebenso gut zum Beispiel eine Postkarte, einen Briefumschlag oder ein Buch nehmen. Solange es gerade ist.

DAS BRAUCHEN WIR

ANGABEN FÜR EINE WAND VON 2,7 M BREITE UND 3,5 M HÖHE.
NACH JEDER SCHICHT DIE FARBE TROCKEN FÖHNEN. MEIST REICHEN ZWEI FARBSCHICHTEN.

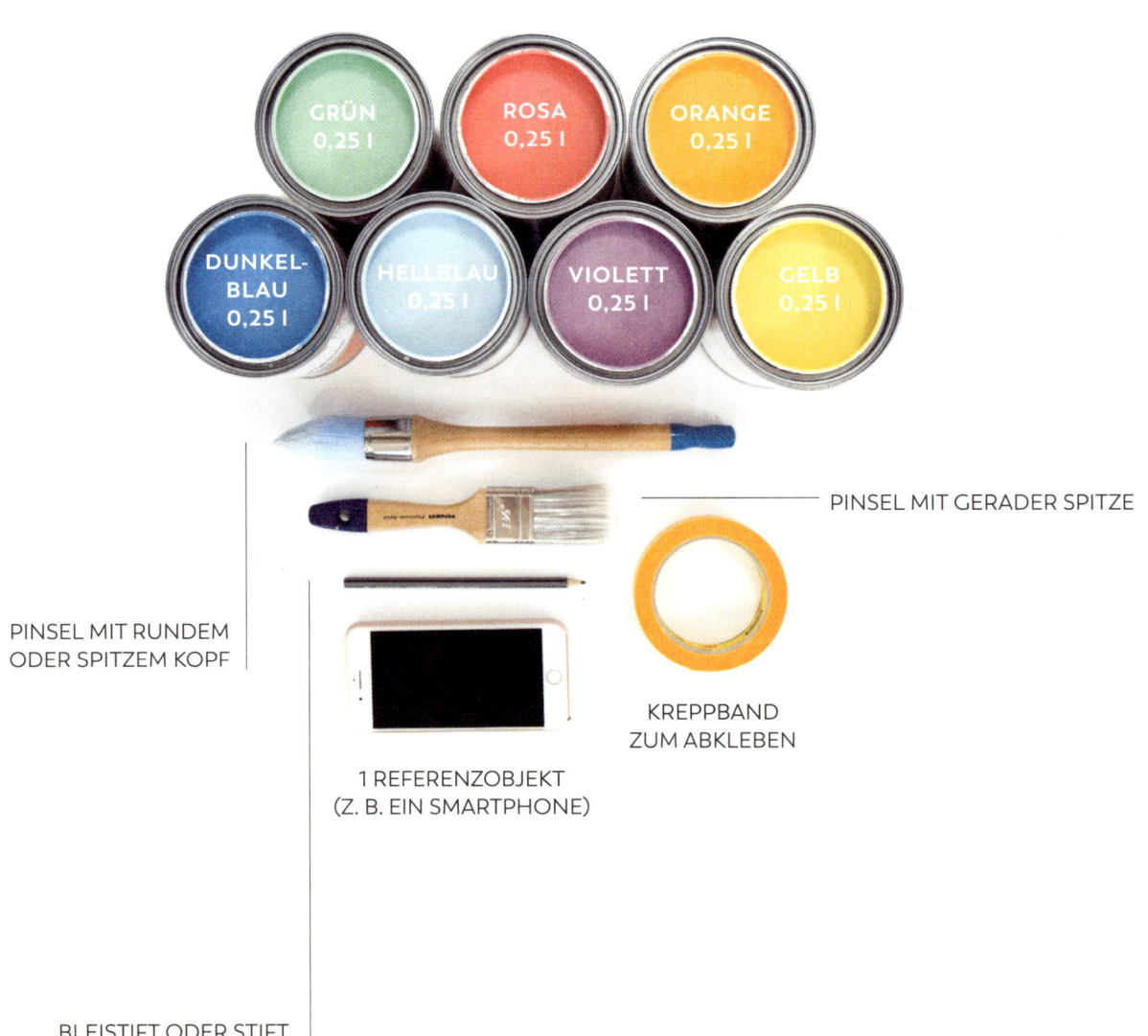

PINSEL MIT GERADER SPITZE

PINSEL MIT RUNDEM
ODER SPITZEM KOPF

KREPPBAND
ZUM ABKLEBEN

1 REFERENZOBJEKT
(Z. B. EIN SMARTPHONE)

BLEISTIFT ODER STIFT

SO GEHT'S

1

Von der Kreppbandrolle 2 x ein Stück abreißen, das sechsmal so lang ist wie die Breite Ihres Smartphones (oder des gewählten Objekts). Diese sechs Abschnitte mit dem Stift markieren.

2

Ein Stück Kreppband unten auf die Mauer kleben (nicht an den Übergang zum Boden, sondern in etwa 30 cm Höhe), ein zweites Stück Kreppband am Übergang zur Decke aufkleben.

3

Von der Kreppbandrolle kleine Stücke abreißen und in einem fließenden Bogen aufkleben, und zwar vom linken Ende des unteren Kreppbands bis zum linken Ende des oberen Kreppbands.

4

Links unten zuerst mit Rot beginnen. Zwischendurch immer wieder kontrollieren, ob der Farbstreifen genauso breit wie das Referenzobjekt ist. Es kommt nicht auf einen Zentimeter an!

5

Die Farben in dieser Reihenfolge arbeiten (von links nach rechts): Rot – Orange – Gelb – Grün – Dunkelblau – Violett

Trocknet die Farbe nur langsam? Dann kurz mit dem Haartrockner trocknen.

6

Den Kreppbandstreifen abziehen und unten unter den Regenbogen eine Wolke malen. (Eventuell zuerst mit dem Bleistift die Wolke vorzeichnen und dann mit Hellblau ausmalen!) Die Wolke sollte sich mit dem unteren Teil des Regenbogens überlappen.

Teilen Sie Ihr Foto auf
Instagram mit #mywonderwall
und werden Sie aufgenommen in
die Wonderwall of Fame unter
www.wonderwalls.be

MyWONDERWALL

SPECIAL THANKS

NENA

GWEN

ANOUSCHKA

EVA

ARALT

WOUT

FRANK

BRAM

STEFANIE

FREDERIK

ELIEN

KATHELIJN

BABS

LAURENS

Ein Dankeschön auch an Annelie und Heidi, an Michel für deinen Rat, an die Interieur-Gurus Tinka & Thomas und an den Photoshop-Sensei Steven. Aber vor allem geht mein Dank an alle Mamas, Papas und Kinder für euer Vertrauen, eure Begeisterung, eure Gastfreundschaft und euren Kaffee!

www.wonderwalls.be
hello@wonderwalls.be
@wonderwalls.be

Dank an

3M

AVA

Einrichtungsgeschäft Plek in Leuven (Belgien)

Für die Originalausgabe

© 2018, Uitgeverij Lannoo nv, Tielt.
Originaltitel: Wonderwalls. Übersetzt
aus dem Niederländischen.
www.lannoo.com

Entwürfe, Text und Illustrationen
Katrien Vanderlinden

Layout
Eva Goethals & Katrien Vanderlinden

Interieur-Fotografie
Stefanie Faveere

Schritt-für-Schritt-Fotografie
Katrien Vanderlinden

Porträtfoto Katrien
Annelie Vandendael

Einrichtungsobjekte
Babs Daemen von Plek

Für die deutsche Ausgabe

Übersetzung: Birgit van der Avoort
Produktmanagement und Lektorat: Sandra Aichele
Covergestaltung: Sandra Preinl
Satz: FSM Premedia GmbH & Co. KG, Münster

1. Auflage 2020

© 2020, frechverlag GmbH, Turbinenstraße 7, 70499 Stuttgart
ISBN: 978-3-7724-7165-0 · Best.-Nr. 7165